领导干部怎样抓落实

刘玉瑛 ◎ 著

新华出版社

图书在版编目（CIP）数据

领导干部怎样抓落实 / 刘玉瑛著. -- 北京： 新华出版社, 2018.10（2025.2重印）
ISBN 978-7-5166-4313-6

Ⅰ.①领… Ⅱ.①刘… Ⅲ.①中国共产党 - 干部教育 - 学习参考资料
Ⅳ.①D262.3

中国版本图书馆CIP数据核字(2018)第221861号

领导干部怎样抓落实

作　　者：刘玉瑛

选题策划：黄春峰	封面设计：李尘工作室
责任编辑：沈文娟	

出版发行：新华出版社
地　　址：北京石景山区京原路8号　　邮　　编：100040
网　　址：http://www.xinhuapub.com
经　　销：新华书店、新华出版社天猫旗舰店、京东旗舰店及各大网店
购书热线：010 - 63077122　　中国新闻书店购书热线：010 - 63072012

照　　排：臻美书装
印　　刷：大厂回族自治县众邦印务有限公司
成品尺寸：170mm×240mm
印　　张：14　　　　　　　　　　字　　数：140千字
版　　次：2019年2月第一版　　　印　　次：2025年2月第七次印刷
书　　号：ISBN 978-7-5166-4313-6
定　　价：36.00元

版权专有，侵权必究。如有质量问题，请与出版社联系调换：010-63077101

前　言

　　一个组织的兴衰成败，取决于两大因素：一是战略决策是否正确；二是落实执行是否到位。

　　事实上，战略决策的正确并不能保证组织的成功，成功的组织一定是在战略决策和落实执行两点上都到位。这就是说，正确的战略决策和有效的落实执行是组织成功的重要保证。

　　党的十九大绘就了新时代的宏伟蓝图，作出了新时代的战略部署，现在的关键是要把这宏伟蓝图实现好，把这战略部署落实执行到位。只有这样，中华民族的伟大复兴才能真正实现。

　　因此，党的十九大报告要求作为党的执政骨干的领导干部要"增强狠抓落实本领，坚持说实话、谋实事、出实招、求实效，把雷厉风行和久久为功有机结合起来，勇于攻坚克难，以钉钉子精神做实做细做好各项工作"。

　　我认为，领导干部如何增强狠抓落实本领，带领人民群众把党的十九大绘就的新时代宏伟蓝图实现好，把十九大作出的新时代战略部署落实执行到位，是当前极为重要的一个问题。

领导干部怎样抓落实

正因为落实执行极为重要，2018年8月18日新修订、并决定于2018年10月1日起施行的《中国共产党纪律处分条例》（以下简称《条例》），增写了以下的内容：

"党员领导干部在本人主政的地方或者分管的部门自行其是，搞山头主义，拒不执行党中央确定的大政方针，甚至背着党中央另搞一套的，给予撤销党内职务、留党察看或者开除党籍处分。

落实党中央决策部署不坚决，打折扣、搞变通，在政治上造成不良影响或者严重后果的，给予警告或者严重警告处分；情节严重的，给予撤销党内职务、留党察看或者开除党籍处分。（第五十条）

有下列行为之一，造成严重不良影响，对直接责任者和领导责任者，情节较轻的，给予警告或者严重警告处分；情节较重的，给予撤销党内职务或者留党察看处分；情节严重的，给予开除党籍处分：

（一）贯彻党中央决策部署只表态不落实的；

（二）热衷于搞舆论造势、浮在表面的；

（三）单纯以会议贯彻会议、以文件落实文件，在实际工作中不见诸行动的；

（四）工作中有其他形式主义、官僚主义行为的。（第一二二条）"

《条例》增写的这些内容进一步强化了领导干部抓落实的责

任，对于保证党的路线方针政策的落实执行会起到十分重要的作用。

也正因为如此，我觉得有必要跟各级领导干部谈一谈如何抓落实的问题。这也是《领导干部怎样抓落实》一书写作的缘起。

本书在撰写的过程中，国内外相关问题的专家、学者所撰写的著作论文，给了我很大的启示，在此，我谨向他们致以诚挚的谢意。

同时，我还想对新华出版社副社长黄春峰先生和编辑室主任赵怀志先生说一句"谢谢"。感谢他们对本书出版的支持，他们为本书的"问世"付出了辛勤的劳动。

刘玉瑛

2019 年 1 月

前　言 ·· 1

第一章　狠抓落实，领导的基本职责 ················· 1
　　一、领导干部的一项基本职责 ····················· 3
　　二、讲政治的一项具体的要求 ····················· 8
　　三、忠诚干净担当的重要体现 ····················· 11

第二章　把握根本，紧盯落实着力点 ················· 15
　　一、时刻牢记党的根本宗旨 ······················· 17
　　二、牢固树立正确的政绩观 ······················· 19
　　三、增强代表民意的权力观 ······················· 23

第三章　雷厉风行，令行禁止不拖沓 ································· 27
一、紧紧把握抓落实的关键要素 ································· 29
二、抓落实所应达到的最高境界 ································· 32
三、以雷厉风行的作风抓好落实 ································· 35

第四章　求真务实，优良传统要牢记 ································· 39
一、坚决反对形式主义，力戒为形式而形式 ··············· 41
二、坚决遏制官僚主义，破除官本位的意识 ··············· 42
三、坚决反对主观主义，深入实际调查研究 ··············· 46
四、坚决反对弄虚作假，实事求是做好工作 ··············· 51

第五章　责任担当，一级带着一级干 ································· 55
一、领导干部必备的一项基本素质 ···························· 57
二、责任担当是抓落实的重要保证 ···························· 63
三、培养责任担当的胆略和气魄 ······························· 68

第六章　锲而不舍，迎着困难挫折上 ································· 81
一、锲而不舍，金石可镂 ·· 83
二、事不避难，知难不难 ·· 87
三、勇于亮剑，敢抓敢管 ·· 90

第七章　开拓创新，转化思维解难题……………… 95

一、惟开拓创新者胜…………………………… 97
二、创新之前先破除…………………………… 99
三、提升创新创造力………………………… 103

第八章　落实文化，抓落实必由之路……………… 107

一、构建求实文化…………………………… 109
二、构建责任文化…………………………… 112
三、构建诚信文化…………………………… 115
四、构建细节文化…………………………… 119

第九章　知人善任，打造落实的团队……………… 127

一、树立正确的用人导向…………………… 129
二、识别优秀落实型人才…………………… 130
三、处理用人的四大关系…………………… 134
四、打造高效落实的团队…………………… 140

第十章　正向激励，调动团队的潜能……………… 145

一、强调正向激励的意义…………………… 147
二、正向激励的工作过程…………………… 151
三、正向激励的原则要求…………………… 154
四、正向激励的有效方法…………………… 156

第十一章 以身作则，率先垂范是正途……………… **161**

一、领导带头，以上率下 ……………………… 163
二、以上率下，重在行动 ……………………… 166
三、喊破嗓子，干出样子 ……………………… 171

第十二章 建章立制，科学制度不可缺……………… **175**

一、科学制度是抓落实的保障 ………………… 177
二、建立健全严格的规章制度 ………………… 181
三、制度设计必须遵循的原则 ………………… 187

第十三章 强化修养，培养善抓真本领……………… **191**

一、增强学习本领，涵养抓落实的智慧 ……… 193
二、加强道德修养，践行执政为民理念 ……… 197
三、培养良好作风，提升抓落实的效能 ……… 203

主要参考书目 …………………………………………… 212

第一章

狠抓落实,领导的基本职责

2011年3月1日,中共中央党校举行春季开学典礼,时任中共中央党校校长的习近平总书记在开学典礼上发表了题为"关键在于落实"的重要讲话。他在讲话中强调:"抓落实是领导工作中一个极为重要的环节,是党的思想路线和群众路线的根本要求,也是衡量党员领导干部世界观正确与否和党性强不强的一个重要标志。"

习近平总书记的这段讲话深刻地阐明了领导干部抓落实的重要性和必要性。

一、领导干部的一项基本职责

职责,是职务上应尽的责任。虽然领导干部有各种各样的职责,但从领导的一般过程上讲,领导干部的基本职责主要有两项:一是做出决策;二是抓好决策的落实。正如国务院参事、曾担任过中国人民大学附属中学校长的刘彭芝所言:"校长抓工作,着眼点和着力点均应放在两头。一头是事前出思路、做计划、定目标,另一头就是事后检查抓落实。"

既然职责是领导干部职务上应尽的责任,那么,领导干部如果不抓落实,或者抓不好落实,就是没有履行好职责,也就不是一个合格的领导干部。这是因为：

第一，领导干部肩负着重要的历史使命。领导干部是党执政的骨干力量，肩负着为中国人民谋幸福，为中华民族谋复兴的历史使命。

党的十九大报告指出："中国特色社会主义进入新时代，我国社会主要矛盾已经转化为人民日益增长的美好生活需要和不平衡不充分的发展之间的矛盾。我国稳定解决了十几亿人的温饱问题，总体上实现小康，不久将全面建成小康社会，人民美好生活需要日益广泛，不仅对物质文化生活提出了更高要求，而且在民主、法治、公平、正义、安全、环境等方面的要求日益增长。"

为中国人民谋幸福，为中华民族谋复兴，就要满足人民群众对物质文化生活的高要求，满足人民群众在民主、法治、公平、正义、安全、环境等方面的多元化要求，实现幼有所育、学有所教、劳有所得、病有所医、老有所养、住有所居、弱有所扶。而这些目标的实现是离不开抓落实的。

第二，密切联系群众的有效方法。密切联系群众，是我党的优良传统和作风，是党的根本工作路线。《中国共产党章程》在总纲中明确规定："党在任何时候都把群众利益放在第一位，同群众同甘共苦，保持最密切的联系，坚持权为民所用、情为民所系、利为民所谋，不允许任何党员脱离群众，凌驾于群众之上。我们党的最大政治优势是密切联系群众，党执政后的最大危险是脱离群众。党风问题、党同人民群众联系问题是关系党生死存亡的问题。党在自己的工作中实行群众路线,一切为了群众,一切依靠群众,从群众中来,到群众中去,把党的正确主张变为群众的自觉行动。"

电影《风雨下钟山》里有这样一个镜头:以周恩来为首的中国共产党代表团与以张治中为首的国民党代表团在北平举行谈判。

在谈判接近尾声的时候,收音机里传来了中国人民解放军占领南京的消息。

张治中低头叹道:"这是天意如此!"听了张治中的话,周恩来同志立即予以严肃地更正:"不,是民意如此!"

周恩来的回答,揭示了这样一个真理:民心向背是国家、政党生死存亡的关键。国民党失去了民心,所以,灭亡绝对是必然的。

同时,这个镜头也回答了,我党为什么要密切联系人民群众。密切联系人民群众,才能获得人民群众的拥护和支持,才能具有强大的生命力,才能具有力量的源泉,才能具有战胜各种困难的力量和智慧。如果脱离了人民群众,则将一事无成。"水能载舟,亦能覆舟。"

陈毅同志说,"淮海战役的胜利,是群众用手推车推出来的。"据有关资料记载,淮海战役期间,共有支前民工(包括随军民工、二线转运民工和后方临时民工)543万人,担架20.6万副,大小车辆88.1万辆,挑子30.5万副,牲畜76.7万头,船8539只,汽车257辆,向前线运送弹药1460万斤、筹运粮食9.6亿斤,向后方转运伤员11万余名。

领导干部如何密切联系群众？密切联系群众的途径是多种多样的，但抓好落实，是一个重要而有效的方法。

抓落实，满足了人民群众日益增长的美好生活的需要，才能赢得人民群众的信任和支持。

领导干部要密切联系人民群众，赢得人民群众的信任、支持和爱戴，必须真抓党的路线方针政策的落实。

焦裕禄同志为什么会受到兰考人民的信任、爱戴、拥护和支持，原因是多方面的，但抓好党的路线方针政策的落实，则是一个非常重要的原因。

一个弄虚作假、光说不练的领导干部是不可能获得人民群众的信任和支持的。

抓落实，人民群众的难事、愁事，实事，才能得到解决。领导干部要密切联系人民群众，获得人民群众的认可、信任和追随，就得顺民心，急民需，谋民利，为人民群众解决难事、愁事，办好实事。

曾经担任过武汉市武昌区信访办副主任的吴天祥为什么受到人民群众的热爱，与人民群众保持着密切的联系？一个重要的原因，就是他能始终把人民的利益放在首位，为人民群众解难事、愁事，办实事，抓好党的路线方针政策的落实。

人们常说"好汉难干信访官"。但是，吴天祥就能把信访官干得有声有色。

1991年4月的一天，马道门街三义村几位居民来到信访办上访。原来，三义村一带共有270多户居民，这些居民长期共用一个用土墙、破砖垒成的简陋厕所。因为使用的人太多，这个厕所是晴天臭气熏天，雨天粪水横溢，而且有些居民上厕所还要翻一道小山坡，跑一里多路。

吴天祥耐心地倾听了上访者的述说，随即冒雨来到三义村。当他看到厕所周围那横溢的粪水，心里很不是滋味："方便"的事不方便，群众能没有意见吗？他立即把区环卫部门的领导同志找来，希望他们能在半山腰修建一个公厕。

谁知，环卫部门的领导为难地说："厕所是该修，但修座公厕要2万多元钱。我们现在没有这笔资金，等着吧！"

"不能再等了！"吴天祥掏出100元钱塞到居委会主任徐金荣手里，留下一句话："我们自己动手建。"几天后，他又出资500元购买了18节水泥管道送到工地。

周围的群众被他的行为深深地感动了。大家有钱的出钱，有物的出物，有力的出力，一个多月之后，一座崭新的公厕建成了。群众露出了笑脸，人们称它为"爱民厕"。

吴天祥常说，人不伤心不落泪，人无难处不上访。群众上访说明他们信任党和政府，这是送上门的群众工作，我们应该以极端负责的态度做好每一项工作，接待好每一个上访的群众，为党和政府排忧，为人民群众解难。

正是这种对党、对人民负责的工作态度，使得吴天祥把每一件难事都尽心尽力地做好，用自己的实际行动在党和群众之间架起一座"连心桥"，用自己的实际行动给党和政府排了忧，用自己的实际行动给人民群众解决了难，用自己的实际行动抓好了党的路线方针政策的落实。

二、讲政治的一项具体的要求

十九大报告强调，全面从严治党，要"把党的政治建设摆在首位。"为什么要把党的政治建设摆在首位？因为党的政治建设是党的根本性建设，决定党的建设方向和效果。

把党的政治建设摆在首位，要求领导干部必须首先要讲政治。只有讲政治，才能统一全党的意志、凝聚全党的力量，为实现党的纲领和目标而共同努力奋斗。

第一，讲政治是我党对领导干部一以贯之的要求。我们党是马克思主义政党，讲政治是一以贯之的要求。

邓小平同志曾经说过："改革，现代化科学技术，加上我们讲政治，威力就大多了，到什么时候都得讲政治。"

江泽民同志在中共十四届五中全会以及以后的多次会议上也强调，领导干部一定要讲政治。关于什么是讲政治，江泽民同志说："我这里所说的政治，包括政治方向、政治立场、政治观点、政治纪律、政治鉴别力、政治敏锐性。"

习近平总书记更是形象地指出，讲政治是我们党补钙壮骨、强身健体的根本保证，是我们党培养自我革命勇气、增强自我净化能力、提高排毒杀菌政治免疫力的根本途径。

第二，讲政治不是抽象的，而是具体的。衡量一个领导干部是不是讲政治，重要的标准就是看他能不能不折不扣地落实党的路线方针政策，是不是时时刻刻把人民群众放在心头，是不是诚心诚意地为人民群众谋利益。

而抓落实，就是要不折不扣地落实党的路线方针政策，为人民群众谋利益。所以说，抓落实，是领导干部讲政治的具体要求。

讲政治，才能全面坚持和贯彻党的路线、方针和政策。党的路线、方针和政策是实现社会主义现代化强国的保证。所以，我们必须全面坚持和贯彻。而只有讲政治，才能深刻领会党的路线方针、政策的内涵和精神实质，才能为更好地贯彻执行做好准备；只有讲政治，才能更好地坚持党的基本路线，自觉坚持以经济建设为中心，坚持改革开放和四项基本原则；只有讲政治，才能在实际工作中，根据党中央的路线方针政策，顾全大局，做好本职工作。

讲政治，才能保证党和人民群众的血肉联系。人民群众，无论是在革命时期还是在新的历史时期，都是我们的力量之源和胜利之本。没有人民群众的支持和努力，我们党的事业，我们的社会主义现代化建设，都是不会成功的。

领导干部讲政治，才能从政治这个大局出发，关心群众、爱护群众、保持和人民群众的血肉联系，坚定不移地贯彻党的群众

领导干部怎样抓落实

路线。

第三,抓落实,领导干部才能真正做到讲政治。讲政治,不是光讲理论,不是空喊口号,而是要把讲政治落实到实践中去。

领导干部讲政治,就是要站在政治的立场上,运用政治观点,以独特的政治鉴别力和敏锐性去观察和处理问题,把自己手中的各项工作抓好,落实好。

讲政治,就要坚定不移地贯彻落实党的路线方针政策。邓小平同志说:"社会主义现代化建设是我们当前最大的政治,因为它代表着人民的最大的利益、最根本的利益。"[1]建设中国特色社会主义现代化国家,进行社会主义现代化建设,党和国家已经为我们制定了具体的路线方针政策。作为领导干部,就要坚决地把这些路线方针政策落实在实践中,落实在本地区、本部门的各项工作中。

作为领导干部,是不是在本职工作中,贯彻落实了党的路线方针政策,以及落实的好坏,取得的成果的大小,是衡量领导干部是否真正做到讲政治的标准。领导干部只有在实际中,一丝不苟,落实到位,才叫真正的讲政治。

讲政治,就要始终站在人民的立场上,诚心诚意为人民谋利益。党来自于民,造福于民。党的全部工作、全部活动的出发点和归宿,就是为人民谋利益。这是我们党的立党之本,执政之源,

---

[1]《江泽民文选》第1卷,人民出版社,2006年8月第1版,第457页。

同时也是各级领导干部的为"官"之本。讲政治，领导干部要深知这一点，要牢记这一点。而且，最终要把这一点落实到实际工作中。所以在工作中，领导干部要眼睛向下看，时刻关心人民的疾苦，把群众的冷暖和需要放在心头，踏踏实实地为人民办好事，办实事，把人民群众满不满意、高不高兴作为衡量工作是否到位的标准。

讲政治，就要遵守政治纪律和政治规矩，维护党中央的权威，与党中央保持高度一致，就要做到四个服从，即个人服从组织，少数服从多数，下级服从上级，全党服从中央，其中，最重要的就是最后一个服从，即：全党服从中央。党中央代表了全党和全国人民的利益，代表了总的工作方向，代表了大局。因此，各级领导干部要坚持与党中央保持高度一致，认真贯彻中央的各项工作部署，有令行，有禁止。反对搞自由主义、宗派主义、山头主义，维护全党和全国的工作大局，维护党的团结统一。

三、忠诚干净担当的重要体现

"全面贯彻新时代中国特色社会主义思想，以组织体系建设为重点，着力培养忠诚干净担当的高素质干部，着力集聚爱国奉献的各方面优秀人才，坚持德才兼备、以德为先、任人唯贤，为坚持和加强党的全面领导、坚持和发展中国特色社会主义提供坚强组织保证。"这是新时代党的组织路线。

由新时代党的组织路线可以很清晰地看到新时代干部培养的标准，就是要培养"忠诚干净担当的高素质干部"。

领导干部在具体的社会实践中怎么体现忠诚干净担当？抓落实就是一种重要的体现。

第一，抓落实，检验着领导干部的忠诚度。"天下至德，莫大于忠。"忠诚是人类道德价值的普遍取向，代表着赤胆忠心、诚实守信和矢志服从。

古今中外，人们对忠诚向来是推崇备至，认为它是做人的根基，是生命不可缺少的元素。我国清代的魏裔介说："忠诚敦厚，人之根基也。"苏联著名作家费定说："忠诚好比呼吸。它要是发生摇动，你就会立刻窒息。"美国著名作家阿尔伯特·哈伯德说："如果能捏得起来，一盎司忠诚相当于一磅智慧。"中外名人的话虽然表达形式不同，但意思却是相同的，忠诚胜过智慧，是一个人的安身立命之本。

正因为如此，中国共产党一直高度重视党员干部的政治忠诚问题。

对于党员干部来说，"忠诚"主要体现为一种政治忠诚，表现为信仰执着，服从大局，立场坚定。

老一辈无产阶级革命家陈毅同志在他《六十三岁生日述怀》中有这样一句话："我是一党员，更应献至诚。"

新时代，信仰执着，服从大局，立场坚定，对党、对人民、对国家"献至诚"，应该是党员领导干部在政治忠诚上达到的最高境界。

对党、对人民、对国家"献至诚",就必须抓好党的路线方针政策的落实,把群众需要解决的问题认真解决好。

第二,抓落实,需要有干净的政治信用做底气。干净,就是清正廉洁。1949年,当蒋介石反动政府行将崩溃之时,美国驻华大使司徒雷登对国民党的要员们说:"共产党战胜你们的不是飞机大炮,而是廉洁,以及廉洁换得的民心。"

司徒雷登这段话说得真是一点没错。清正廉洁是中国共产党的优良传统和作风,是中国共产党的领导干部所始终恪守的政治道德。正是靠着这种政治道德,中国共产党将全国人民紧密地团结在自己的周围,打败了日本侵略者,赶走了国民党,建立了新中国。

如今,在决胜全面建成小康社会,全面建设社会主义现代化强国,实现"两个一百年"奋斗目标,实现中华民族伟大复兴中国梦的新时代新征程中,领导干部依然要恪守这种清正廉洁的政治道德。

清正廉洁,也是一种政治信用。"民不服我能,而服我公;民不畏我严,而畏我廉"。

领导干部有了廉洁的政治信用,说话才能有人听,部署的工作才能有人干,抓落实才能有底气。

第三,抓落实,是对担当精神的一种诠释。担当,就是承担并负责任。作为领导干部,担当是其最基本的素质。

领导干部有担当，才能不辱历史使命。每种职业、每个人都有特定的、不可替代的历史使命。作为新时代的党的领导干部，其历史使命，就是要为中国人民谋幸福，为中华民族谋复兴。领导干部要履行并完成好这种历史使命，其担当精神须臾不可或缺。

领导干部有担当，才能不违党的宗旨。党的宗旨是全心全意为人民服务。全心全意为人民服务不是一句口号，而是需要实实在在的行动。这种实实在在的行动，就体现在领导干部的担当上。领导干部如果有担当，就会"权为民所用，利为民所谋，心为民所系"；领导干部如果有担当，就会为人民群众排忧解难，即使是为群众赴汤蹈火也会在所不辞。

而上面所述的这些，也正是抓落实的具体内容。所以说，抓落实是对担当精神的一种诠释。

第二章

把握根本，紧盯落实着力点

领导干部抓落实,首先要把握住根本,紧盯落实的着力点。

抓落实的根本是什么?习近平总书记2011年3月1日在中央党校春季学期开学典礼的讲话中,说得非常清楚:"全心全意为人民服务是我们党的根本宗旨。各级领导干部要把以人为本、执政为民贯穿到抓落实之中,切实做到权为民所用、情为民所系、利为民所谋。把握住这一点,就把握住了抓落实的根本。"

领导干部抓落实,必须把握这一根本,紧盯这一着力点。领导干部把握住了这一根本,盯住了这一着力点,就会把党和人民的托付看得比泰山还重;就会盯着排头找差距,对照先进学经验;就会以锲而不舍的精神抓好党的路线方针政策的落实,抓好党和政府各项工作任务目标的落实。

一、时刻牢记党的根本宗旨

全心全意为人民服务,是我党的根本宗旨。所谓"根本宗旨",是指贯穿于特定的组织或者事物整体以及全过程的根本目的或根本意图。

我党自诞生之日起,就把全心全意为人民服务确立为自己的根本宗旨和行为准则。这也是我党区别于其他任何政党的根本标志。领导干部抓落实，必须牢记这一宗旨。

第一，强化党的宗旨意识。领导干部时刻牢记党的根本宗旨，首先必须强化宗旨意识。毛泽东同志在《为人民服务》一文中指出，我们的共产党和共产党所领导的八路军、新四军，"完全是为着解放人民的，是彻底地为人民的利益工作的。"邓小平同志也曾指出："中国共产党的含义或任务，如果用概括的语言来说，只有两句话：全心全意为人民服务，一切以人民利益作为每一个党员的最高准绳。"

《中国共产党章程》也明确规定："中国共产党党员必须全心全意为人民服务，不惜牺牲个人的一切，为实现共产主义奋斗终身。""中国共产党党员永远是劳动人民的普通一员。除了法律和政策规定范围内的个人利益和工作职权以外，所有共产党员都不得谋求任何私利和特权。"

第二，践行党的根本宗旨。践行党的根本宗旨，就是在抓落实的过程中，始终坚持把人民群众的根本利益作为出发点和归宿；就是要心系人民，权为民所用，利为民所谋。做到在任何时候、任何情况下，都要把人民群众的根本利益置于首位。

抗日战争时期，黄克诚将军率领部队在苏北地区打击敌人。1943年春节前夕，日寇集结了数万兵马，疯狂地向苏北抗日根据地发动了进攻，妄图将抗日军民一网打尽。

为暂避敌人锋芒，黄克诚将军决定将部队从淤黄河的南岸撤到北岸，跳到敌人合击圈外进行斗争。

当时，淤黄河没有桥，指战员们便用小木船架起了一座船桥。船桥刚刚"架"好，敌人就逼近了。情况危急，部队必须立即过河。

可就在这时，附近村庄的数百名老百姓扶老携幼地拥到了河边。敌人的枪声越来越近，有的炮弹已经打到了河里。人多，桥窄，时间紧，危险大，怎么办？只见黄克诚将军站在南岸船桥口上，大声向正在过桥的部队命令道："部队停止，先让老百姓过桥。"

等百姓们在战士们的掩护下，安全地到达了北岸后，黄克诚将军才下达了部队继续过桥的命令。

面对敌人的围追堵截，黄克诚将军首先想到的不是自身的安危，而是百姓的安危。"让老百姓先过河"就是对党的宗旨的践行，就是始终把人民群众的根本利益置于首位。

二、牢固树立正确的政绩观

习近平总书记指出："在抓落实过程中，不同的政绩观会有不同的抓法、不同的结果。什么叫政绩？顾名思义，就是为政之绩，即为政的成绩、功绩、实绩。我们做事情、干工作，如果做到了上有利于国家、下有利于人民；既符合国家和人民眼前利益的要求，又符合国家和人民长远利益的要求；既能促进经济社会发展，又能促进国家富强和人民幸福，那就做出了党和人民所需要的真正的政绩。"

领导干部抓落实，必须树立正确的政绩观。正确的政绩观要体现以下几个方面的要求：

第一，体现全面发展的要求。树立正确的政绩观，必须体现全面发展的要求。中国特色社会主义的伟大事业是经济建设、政治建设、文化建设、社会建设、生态文明建设"五位一体"总体布局全面推进的事业。"五位一体"总体布局，是我党对"实现什么样的发展、怎样发展"这一重大战略问题的科学回答。

因此，领导干部树立正确的政绩观，就需要摒弃那种只单纯追求经济增长的速度和总量，而忽视社会发展、人民生活环境和生活质量改善的观念。

十九大报告明确指出，新时代人民群众"对物质文化生活提出了更高要求，而且在民主、法治、公平、正义、安全、环境等方面的要求日益增长"，这就明确说明，我们不仅要搞好经济建设，还要搞好政治建设、文化建设、社会建设、生态文明建设，在提高人们的物质生活水平的同时，在民主、法治、公平、正义、安全、环境等方面满足人民群众的要求。只有各个方面都发展了，才是全面的发展。

第二，体现协调发展的要求。协调，一般是指各主体之间行为的相互适应、避免相互掣肘。协调的反面是失衡。历史实践证明，失衡的发展必将使国家的发展落入"陷阱"、陷入灾难。拉美地区和东南亚一些国家就是陷入"中等收入陷阱"的典型代表。

拉美地区和东南亚一些国家为什么陷入"中等收入陷阱"？

原因固然是多方面的，但没有理顺发展关系是一个非常重要的原因。他们不仅错失了发展模式转换时机，还没有高度重视发展的公平性，以致贫富悬殊，社会严重分化，引发了激烈的社会动荡，甚至政权更替，对经济社会的发展造成严重的影响。

为了保证我国经济社会的发展行稳致远，我党深刻总结中外经济社会发展的经验教训，在正视我国经济社会发展存在的不平衡问题的基础上，深刻认识发展规律，提出了协调发展的理念。

协调发展，是指经济、社会、自然等各个方面共同发展，相互促进。既要有经济的效益和发展速度，又要有人口、资源、环境、生态的健康发展；既要注重城市的发展、又要搞好乡村的发展；既要做好局部的发展，又要关注全局的发展。总之，要把各个方面都抓好，相互协调，共同促进。

第三，体现可持续发展的要求。这里所说的"可持续"，强调的是发展进程的持续性。也就是说，在发展进程中，必须处理好经济建设、人口增长与资源利用、生态环境保护的关系，在发展经济的同时，充分考虑环境、资源和生态的承受能力，保持人与自然的和谐发展，实现自然资源的永续利用和社会的持续发展。

可持续发展，要求我们在发展中，既要立足当前，又要着眼长远；既要看到眼前利益，又要考虑到子孙后代的利益，不得以牺牲后代人的利益来谋求当代的发展。

对此，习近平总书记也强调要求："领导干部在抓落实过程中，还要有'功成不必在我任期'的理念和境界，注意防止和纠正各种急功近利的行为，不贪一时之功、不图一时之名，多干打基础、利长远的事。"

第四，体现以人为本的要求。以人为本是科学发展观的核心，也是正确政绩观的根本要求。

以人为本，既回答了为什么发展、发展"为了谁"的问题，也回答了怎样发展、发展"依靠谁"的问题。

胡锦涛同志曾经指出："树立正确的政绩观，说到底就是要忠实实践党的宗旨，真正做到权为民所用、情为民所系、利为民所谋。"

政绩归根结底必须要得到人民的认可，使人民满意，才是正确的政绩观。

习近平总书记强调："正确的政绩观，体现在政绩的内容上，应该是实实在在、有利于地方和单位的建设和发展；在创造政绩的目的上，应该是为党、为人民，而不是为了一己之私；在创造政绩的途径上，应该是脚踏实地，而不是投机取巧，牺牲后代利益，以浪费资源为代价。"

领导干部只有树立了正确的政绩观，才能真正抓好落实，为人民服好务，为社会造好福。

反之，就会为了升迁急于出成绩，喜欢制造哗众取宠的"轰动效应"，追求不切实际的、劳民伤财的"形象工程"、"面子工程"，为"荒山刷绿漆"就是如此。

三、增强代表民意的权力观

权力是政治中最具支配的力量,对权力的主观反映就是权力观。

作为中国共产党执政骨干的领导干部,必须树立"代表民意"的权力观。这是党的宗旨和权力的人民性、公共性所决定的。

领导干部树立了"代表民意"的权力观,并能践行它,才能真正抓好落实。

领导干部要树立"代表民意"的权力观,应该明确以下两点:

第一,人民是权力的主体。马克思主义认为,在社会主义国家里,一切权力属于人民,领导者是人民权力的委托行使者,而不是权力的所有者。

《中华人民共和国宪法》第一章第二条明确规定:"中华人民共和国的一切权力属于人民。"中国共产党执政、领导干部执政,都源于人民授权。

当年,有一个美国记者曾经问毛泽东:"你们办事,是谁给的权力?"毛泽东回答:"人民给的。""人民要解放,就把权力委托给能够代表他们的、能够忠实地为他们办事的人,这就是我们共产党人。"

毛泽东同志的这段话有两层含义:一是说,我们共产党人的一切权力都是人民委托给我们的,我们党自己没有权力。二是说,人民之所以把权力委托给我们,是因为我们共产党人能够代表他们的利益和要求、能够忠实地为他们办事。

这些话表述的都是领导干部手中的权力是人民授予的,"人民是权力的主体"。

为什么说人民是权力的主体,简单说来,一句话:党的执政地位,是通过革命斗争获得的,归根结底,是在人民群众的支持下得到的。毛泽东同志讲,枪杆子里面出政权。但是,没有人民群众的支持,枪杆子里面也出不了政权。

第二,权力就是责任。在领导活动中,权、责、利三者是统一的。有其权,享其利,就要负其责。而不能只拥有权力、享受利益而不负责任。

古时候,晋国有个法官,名叫李离。李离因为审错了案而杀了人。于是,他就把自己给判了死刑。

案情报到了晋文公那里。晋文公对他说:"官职有贵贱之分,刑罚有轻重之别,你可以把责任推给下属呀!"

李离回答说:"我做法官时,未曾将官位让给下属,现在错判杀人,却推给下属,这是我所不耻的。"最后,李离自杀身亡。

李离深知,权力意味着责任。因此,当他因为审错了案而杀了人时,他便主动承担起负罪的责任,最后用生命来殉自己的责任。

一个封建时代的官吏尚且知道权力就意味着责任,作为以全心全意为宗旨的党的领导干部更应该明确这一点。

任何一种权力,都伴随着相应的责任。所以,享有职务权力以及因职务权力而获取的待遇，就必然要承担相应的责任。职务权力有多大，责任就有多大。

当年温家宝同志关于权力运用有三句话："有权必有责，用权受监督，侵权要赔偿。"

第三章

雷厉风行，令行禁止不拖沓

第三章 雷厉风行，令行禁止不拖沓

词典上说，雷厉风行，比喻执行政策法令严厉迅速；也形容办事声势猛烈，行动迅速。事实上，不管是比喻也好，还是形容也罢，雷厉风行都是指行动迅速，令行禁止。

领导干部抓落实，必须有这种雷厉风行的工作作风。事情定了就抓紧去组织落实，做到令行禁止，不拖泥带水，不推诿扯皮。

一、紧紧把握抓落实的关键要素

抓落实的要素有多种，但其中一个关键的要素，就是"快"。上级的决策确定了，工作任务下达了，领导干部就要马上行动去抓落实。

第一，兵贵神速。电视剧《亮剑》里有一个桥段：团长李云龙找政委赵刚商量，要挑选一些武艺高强的战士组成一个特别的战斗小组。

赵刚认为可行。赵刚对李云龙说："你尽快去办！"李云龙却说："不用尽快，我马上就去。"

"兵贵神速"，是《孙子兵法》中的一个重要的原则。战场上，速度起到决定性的关键作用。其实，抓落实又何尝不是如此？

清朝人彭端淑写过一篇《为学》的文章。这篇文章讲述了这样一个故事：

四川的边境地带有两个和尚，一个贫穷，一个富有。一天，穷和尚对富和尚说："我想去南海转一转，你看怎么样？"

富和尚问："你靠什么去南海呢？"穷和尚回答说："我靠着一个水瓶和一个饭钵就足够了。"

富和尚说："我几年以来就想买船南下，还没有能够去成。你就靠这个能去！"不相信。然而到了第二年，穷和尚从南海回来了，并把游历的情况告诉了富和尚。富和尚显出了惭愧的神色。

（原文：蜀之鄙有二僧，其一贫，其一富。贫者语于富者曰："吾欲之南海，何如？"富者曰："子何恃而往？"曰："吾一瓶一钵足矣。"富者曰："吾数年来欲买舟而下，犹未能也。子何恃而往！"越明年，贫者自南海还，以告富者。富者有惭色。）

四川距离南海，有几千里路之遥，富和尚不能去，但是，穷和尚却到达了那里。

看来，问题不在能不能去，而在是否真正行动。常言道："路虽近，不行不至；事虽小，不做不成。"确立了明确的目标之后，就要立即行动。

行动了，你就有百分之五十的希望，不行动百分之百没有希望。

领导干部抓落实也是如此。如果仅仅是坐而论道，如果仅仅是满足于开会部署，而不去快速行动真抓落实，也会如那位"富和尚"一般，是不可能达成目标的。

第二，现在就做。有人曾经向一位企业老总请教"成功的秘诀"。这位老总告诉他："现在就做。"犹太教典《塔木德》曾经记载着这样一个故事：

有三只青蛙掉进了鲜奶桶中。第一只青蛙说："这是神的意志。"于是，它盘起后腿，一动不动，静静地等待着。

第二只青蛙说："这桶太深，没有希望出去了。"于是，它在绝望中慢慢死去。

第三只青蛙说："尽管掉到鲜奶桶里，可我的后腿还能动。"于是，它奋力地往上跳起来。它一边在奶里划，一边跳，慢慢地，它觉得自己的后腿碰上了硬硬的东西，原来是鲜奶在青蛙后腿的搅拌下，渐渐地变成奶油了。凭着奶油的支撑，第三只青蛙跳出了奶桶。

第一只和第二只青蛙都是坐以待毙，而第三只青蛙凭着自己的努力，跳出了奶桶。这就是行动和不行动的最本质区别。

这个故事启示我们：如果我们有了一个可行的想法、明确的目标，我们就应该马上着手去抓落实，去落实。

栽一棵树的最好时间是10年前，第二个最好的时间是现在。我们错过了10年前，但绝不能错过现在。

经常听到有的人悔恨当初的理想、目标如何如何没有实现。每当听到这种悔恨，我都会告诉他，过去的已经是过去时，不能因为你的悔恨而改变，要想改变，你必须立即行动去改变，只有行动才能去实现你的理想，去达成你的目标。

你错过了昨天,但不能错过明天,不错过明天的最好方式,就是今天开始行动,现在就做。

二、抓落实所应达到的最高境界

抓落实所应达到的最高境界是什么?就是令行禁止。

所谓令行禁止,就是下令行动就立即行动,下令停止就立即停止。

第一,令行禁止,才能赢得时间。"时间就是金钱"、"时间就是生命"。善于把握时间的人会把生命延长,把事业做大,把落实抓好。请看当年温家宝总理是怎样把握好时间抓好落实的。

2008年5月12日下午2点28分,四川省发生里氏8.0级强烈地震,震中位于阿坝州汶川县。下面是地震后温家宝总理的时间表:

"12日下午,刚从河南考察农业和粮食生产储备情况抵京的温家宝,在赶往中南海的途中,得知汶川强震的消息,第一时间折返机场奔赴灾区。

12日晚8时,温家宝在都江堰搭起指挥部就地部署救灾工作。他总是第一时间步步向震中地区靠近。

14日下午,第一批空降勇士成功着陆汶川,温家宝第一时间搭乘直升机直飞汶川。

15日上午,从广元乘车来到白龙湖,再坐船、乘汽车,12

时40分抵达青川木鱼镇。

15日14点28分，距离四川汶川大地震整整72小时。在这堪比黄金的72小时中，66岁的温家宝总理辗转9次视察7地灾情，召开6次国务院抗震救灾指挥部会议。他的行程表始终指向'第一时间'，用高效、迅速、果断的72小时，为中国赢得了拯危救困的宝贵时间。"[1]

第二，令行禁止，才能牢牢把握主动权。我们现在正处在社会转型期和快速发展的关键时期，矛盾多，大事多，难事多，而且是环环相扣，互相联系，每一件事情的解决都关系到全局，影响到整体。一件事情解决不好，则牵连到以后的发展，所以，一处受阻，则步步难行。

领导干部做工作，抓落实，必须令行禁止。只有令行禁止，才能迅速打开工作局面，一步为先，步步赶上，牢牢把握住事情发展的主动权。

第三，令行禁止，才能提高办事的效率。抓落实，不仅重视结果，也同样重视效率。对党和国家已经确定的路线方针政策，以快速稳妥的方式去落实，使之尽早见到成效，让成果尽早惠及人民群众，这是党和人民所期待的。否则，慢慢腾腾，一方面会贻误时机，另一方面，即使达到了预期的落实效果，但是在这期间，

---

[1] 转引自：《温家宝高效果断72小时为中国赢得宝贵时间》，《重庆晨报》，2008年5月16日。

领导干部怎样抓落实

浪费的时间及各种资源，也是一种不小的损失。

美国前总统富兰克林·罗斯福，就是一个雷厉风行的领袖人物。也正是因为他的雷厉风行，使得陷入经济危机的美国，摆脱了困境。

1933年3月4日，富兰克林·罗斯福就任美国第32届总统。此时，美国正陷入有史以来最大的经济危机之中。怎么办？罗斯福在就职演讲中说："这个国家要求的是行动，而且是立刻行动。"

罗斯福开始了行动。"从1933年3月9日的《紧急银行法》到6月16日的《全国工业复兴法》，短短的一百天内，罗斯福已发表了10次重要演说，制定了新的外交政策，建立了每周举行记者招待会和内阁会议各两次的惯例，宣布废除金本位，向国会提交了15篇咨文，引导国会通过了13个重要法案。他就像一台高速运转的机器，早上还没下床，他就滔滔不绝地向助手阐述自己的主张，提出问题，发出指示，虽然他那巨大的身躯下萎缩的双腿连被子也撑不起来。他坐在轮椅上，敏捷地穿过白宫走廊，连续几个小时接见来访者，批阅信件，接听电话，召开紧急会议。他几乎不知疲倦到忘我的程度。罗斯福以身作则，内阁成员也跟着连轴运转，国会也没法拖延，于是整个国家机器在罗斯福的带领下高效运转，从而使他的新政得以乘风破浪，勇往直前。"[1]

罗斯福的雷厉风行推行新政，使美国摆脱了困境。瑞士心理

---

[1] 王启军摘编：《雷厉风行的罗斯福》，《新东方》2003年第7期，第29页。

学家荣格见过罗斯福以后对人说:"这人浑身是劲,他智力超群却又难以捉摸,可是说干就干,厉害得很。"[1]

一个命令的发出、一项决议的出炉、一个任务的制定,能否在预期内最终达到应有的效果,关键看落实主体以什么样的方式去落实。雷厉风行,快马加鞭,能够提高抓落实的效率,并取得落实的成果。

三、以雷厉风行的作风抓好落实

雷厉风行是一种良好的工作作风,也是一种高效的工作方法。抓落实,必须具有这种良好的工作作风,把握这种高效的工作方法。如何雷厉风行地抓好落实?

第一,会议之后是行动。"会议之后是行动",就是说,当决策做出,任务确定,工作做出部署,领导干部就要立即去落实,立即去抓落实。

说到行动,我想起一个故事:有位落魄的中年男子,每隔两三天就要到教堂去祈祷。而且他的祷告词每次都差不多。

第一次到教堂时,他跪在圣坛前,诚恳地说:"上帝呀,请您看在我多年敬畏您的份儿上,您让我中彩票大奖吧!"

几天后,他又来重复同样的话和动作,就这样反反复复地祷

---

[1] 王启军摘编:《雷厉风行的罗斯福》,《新东方》2003年第7期,第29页。

领导干部怎样抓落实

告了二十多次。

这一天,他又来到了教堂:"我的上帝,您怎么不倾听我的祈祷?就让我中一次吧,只要您满足了我的请求,我愿意终身敬奉您。"

就在这时,圣坛上传来了这样一个声音:"我一直在倾听你的祷告。可是,最起码,你也应该先去买一张彩票吧!"

显而易见,仅有良好的愿望、明确的目标是不够的,有良好的愿望、明确的目标,还得有实际的行动。没有行动,神仙都帮不了你。那么,你的良好愿望、明确目标,也就永远实现不了。

抓落实,不能坐而论道,要行动。周恩来曾说过:"坐着谈,何如起来行。"马克思也认为"一步实际运动比一打纲领更重要。"

第二,人民需要的是效果,而不是空头支票。抓落实,不是为抓而抓,而是要为了结果而抓。人民需要的是效果,而不是空头支票。

请看《秘书工作》采访组所撰写的《习近平同志在福州工作期间倡导践行"马上就办"纪实》一文谈到的一件事情。

1990年5月17日,原先驻扎连江县的南京军区某师师部奉命迁入福州市郊五凤山脚下的军营。当天晚上,刚刚上任九天的福州市委书记习近平连夜冒雨走进了部队临时搭建的野战帐篷。

"你们刚搬到这里,困难肯定不少。有多少难处,竹筒倒豆子,全都倒出来。然后我们再逐个帮你们捡起来,一粒不会少。"习近平微笑着说。

初到此地，部队面临着许多现实困难。部队领导连提了三个请求：能不能修一条战备路，能不能解决300多名随军家属落户和100多名随军子女入学的问题？

面对这三个在当时并不那么容易解决的问题，习近平没有丝毫犹豫，当即表态"要特事特办，马上就办"。那份担当和气魄给部队的指战员们吃下了定心丸。

不久以后，一条2.5公里的战备公路通车，从规划到竣工仅用了一个月的时间；全师符合条件的随军家属，全部落户福州；跟随父母辗转多地的孩子们进入了福州的小学、中学读书。在此之前，这支入闽15年的部队，子弟里没有出过一个大学生。而此后25年，不少孩子如愿以偿考入清华大学、南京大学、厦门大学……[1]

习近平总书记的做法为我们各级领导干部抓落实提供了学习的样板。抓落实，就是要雷厉风行，就是要马上就办，办就办好。

---

[1] 摘自人民网－中国共产党新闻网，2015年3月11日。

第四章

求真务实，优良传统要牢记

求真务实，是我党的优良传统和工作作风。领导干部抓落实，必须牢记弘扬这种优良传统，坚持这种工作作风。

"求真"，就是了解真实情况，探寻出事物发展变化的客观规律；"务实"，就是要以实事求是的态度，提出符合实际的解决矛盾和问题的办法。领导干部牢记弘扬求真务实的优良传统，必须解决以下几个问题：

一、坚决反对形式主义，力戒为形式而形式

唯物辩证法告诉我们，内容与形式是辩证的统一。人们做任何事情，都要有一定的形式。但形式只能为内容服务，而不能置内容于不顾，为形式而形式。如果不管内容，只讲形式，那就是形式主义。正如江泽民同志所说的："必要的形式不能没有，但是不能搞形式主义。所谓'形式主义'，就是处处只讲究表面的形式，不讲究事情的实际，不讲实际内容、实际效果和实际意义。这种形式主义，只有哗众取宠之心，没有实事求是之意。"[1]

不同时期,不同阶段,不同领域,形式主义有不同的表现形式。

---

[1] 江泽民：《在八届全国人大四次会议解放军代表团会议上的讲话》。

领导干部怎样抓落实

但从抓落实的情况来看，形式主义主要有以下的表现形式：

第一，抓落实就是开会，干打雷不下雨。有的领导干部靠会议去落实会议，靠文件去落实文件，靠讲话去落实讲话。他们习惯于做"收发室"，当"传声筒"。认为只要是会开了，文件发了，话讲了，工作任务就算落实了。结果是，层层喊落实，层层不落实。正像有人所讲的，狠抓就是开会，管理就是收费，重视就是标语，落实就是动嘴。也像一副对联所描述的：上联是"你开会我开会大家都开会"，下联是"你发文我发文大家都发文"，横批是"谁来落实"。

第二，工作过程很热闹，实际问题没解决。有的领导干部把工作过程本身当成工作绩效。在抓落实中，习惯于做程序性的工作，轰轰烈烈走过场，一丝不苟搞形式，标语贴得满墙是，实际问题没解决。

第三，热衷于提新口号，喜欢做表面文章。有的领导干部不去认真领会中央精神，也不去了解下情，只习惯于空喊口号，定高指标，做表面文章。口号、指标提得震天响，落不落实无人过问。

抓落实，必须坚决反对形式主义，力戒为形式而形式，坚持弘扬求真务实的优良传统。

二、坚决遏制官僚主义，破除官本位的意识

官僚主义是个老话题。马克思主义经典作家对此都有过揭露

第四章 求真务实,优良传统要牢记

和批判。

列宁曾经大声地疾呼,共产党员成了官僚主义者。如果有什么东西会把我们毁掉的话,那就是这个。他对官僚主义者的处理也绝不手软:

一次,几个农民为申诉地方政府非法征用他们的马匹,写了两封请愿书给人民委员会总务处。总务处把请愿书交给野总司令部动员委员会审查,动员委员会把信转给首都事务特别委员会,特别委员会又把请愿书退回人民委员会。并在信封上写道:"工作太忙,根本没有工夫来管这些琐事。"

这两封请愿书在三个机关转了三个星期,什么问题也没有解决。列宁知道这件事情之后,非常气愤,当即给国家监察部负责人写了一张便条,建议"把写这个批语的官僚逮捕起来"。

毛泽东同志1933年8月在《必须注意经济工作》的报告中,提出"要把官僚主义这个极坏的家伙抛到粪缸里去"。

1963年5月29日,周恩来同志专门撰写《反对官僚主义》一文,文中列举了官僚主义的20种表现,认为它"是领导机关最容易犯的一种政治病症"。

1980年,邓小平同志在《党和国家领导制度的改革》的讲话中指出,"官僚主义现象是我们党和国家政治生活中广泛存在的一个大问题",他还列举了官僚主义的24种表现和危害,认为"已达到令人无法容忍的地步"。

党的十八大之后,我党开展了以反对形式主义、官僚主义、

领导干部怎样抓落实

享乐主义，奢靡之风为主要内容的党的群众路线教育实践活动，官僚主义的问题得到了一定程度的解决，但并没有得到完全的遏制，又产生了"新官僚主义"。

新官僚主义不仅与旧官僚主义有着共同的特点，还有着自身的新特征、新变化。

第一，由"门难进，人难找，脸难看，事难办"变为"门好进，脸好看，话好听，事不办。"

"门难进，人难找，脸难看，事难办"是过去人民群众对政府机关一些办事部门、办事人员的抱怨，也是旧官僚主义的一种表现。

随着政府机关院墙的打开，行为规范制度的出台，"门难进，人难找，脸难看"的现象不多见了，但却代之以"门好进，脸好看，话好听，事不办"的新官僚主义。

第二，由"高高在上，不深入基层"变为"高高在下，以深入基层之名，行走马观花之实"。

"高高在上，不深入基层，脱离群众"是旧官僚主义的突出表现，但时下，这种旧官僚主义已经变异为"高高在下"的新官僚主义。

新官僚主义者表面上是经常深入基层、联系群众，但实际上，是以深入基层调查之名，行走马观花之实。走的是安排好的路，听的是准备好的话，访的是挑选好的人。于是，听到的，无不是"振奋人心"的"好消息"；看到的，无不是经过精心准备的"闪光点"。老百姓的困难和存在的问题自然是看不见,也听不到。

第三,由"孤陋寡闻""不学无术"变为"见多识广""言行脱节"。承诺时言之凿凿,兑现时没有踪影。

毛泽东同志在20世纪60年代给官僚主义画像时,认为孤陋寡闻、不学无术是官僚主义的表现。而在如今,这种孤陋寡闻、不学无术的官僚主义已经演变为"见多识广",会说不去做的言行脱节的新官僚主义。

新官僚主义者把"全心全意为人民服务""执政为民""心为民所系""利为民所谋"等挂在嘴巴上,而实际上,却说得好听,做得难看。

新官僚主义较之旧官僚主义,具有更大的危害性。这种危害性主要在于它带有极大的欺骗性。

谁能说"门好进,脸好看,话好听"是官僚主义?岂不知,问题的本质还在于"事不办";

谁能说"下基层搞调研"是官僚主义?岂不知,走马观花才是实;

谁能说"见多识广"是官僚主义,岂不知,言行脱节才是它的本质。

实际上,新官僚主义的本质依然是做官当老爷,脱离群众,脱离实际的不良工作作风。任其发展下去,会严重破坏党和人民群众的关系,损害人民群众的利益,破坏和谐社会的构建,助长社会的不良之风。因此,必须遏制新官僚主义。

遏制新官僚主义，首当破除的是"官本位"意识，实现从"官本位"到"民本位"的转变。然而"知易行难"。从古至今，很少见有人公开宣扬"以官为本"者，但倡导"以民为本"者，却人数众多。尽管人数众多，却鲜有见兑现者。而无人宣扬的"官本位"却一直是大有市场。现在亦然。

实质上，"官本位"的本质，是对权力能为自身获得利益的垂青。君不见，报考公务员时，权力大、利益多的部门，报名者如过江之鲫；权力小、利益少的部门，报名者门可罗雀。

由此可知，如果能对运用权力为自身获利问题加以有效的监督制约，这些问题就会迎刃而解。

试想，当手中的权力只能用来全心全意为人民服务，当手中的权力时时处处受到监督制约，当为官不再是一种权力资源的享用而是一种沉甸甸的责任时，那些唯利是图者还会青睐官场吗？只有那些真正怀有全心全意为人民服务之心者，才能义无反顾地走向仕途。

三、坚决反对主观主义，深入实际调查研究

所谓主观主义，就是不注重调查研究，盲目蛮干，凭主观意志办事，脱离客观实际。

第一，我党向来反对主观主义。毛泽东同志就反复强调过要反对盲目蛮干，凭主观意志办事的主观主义思想作风。他指出：

"反科学的反马克思列宁主义的主观主义的方法，是共产党的大敌，是工人阶级的大敌，是人民的大敌，是民族的大敌，是党性不纯的一种表现。大敌当前，我们有打倒它的必要。只有打倒了主观主义，马克思列宁主义的真理才会抬头，党性才会巩固，革命才会胜利。"[1]

在建设中国特色社会主义现代化事业的今天，盲目蛮干，凭主观意志办事的主观主义仍然存在。

主观主义的"大敌"就在我们的身边。"大敌当前，我们有打倒它的必要。"只有打倒了主观主义，党的路线方针政策才能得到有效落实，社会主义现代化的目标才能实现。

第二，重视调查研究是我党的传统。习近平总书记指出："重视调查研究，是我们党在革命、建设、改革各个历史时期做好领导工作的重要传家宝。"当年，毛泽东同志就指出："没有调查，就没有发言权。"而习近平总书记则进一步强调："调查研究是谋事之基、成事之道。没有调查，就没有发言权，更没有决策权。"

调查研究包括调查和研究两个环节。调查，是通过各种途径方法，有计划、有目的地了解客观事物的真实情况。研究，是指对调查获得的材料，进行去粗取精、去伪存真、由此及彼，由表及里的探求客观事物本质和规律的活动。它们两者既有明显区别又有紧密的联系。调查是研究的前提和基础，研究是调查的发展

---

[1]《毛泽东选集》第3卷，人民出版社，1991年6月第2版，第800页。

和深化。

第三,搞好调查研究,必须深入实际、深入基层、深入群众。调查研究,是对客观实际情况的调查了解和分析研究,目的是要把事情的真相和全貌调查清楚,把问题的本质和规律把握准确,把解决问题的思路和对策研究透彻。这就要求调查研究者必须深入实际、深入基层、深入群众,多层次、多方位、多渠道地进行调查了解情况。只有这样,才能获得新情况,找出解决问题的新视角、新思路和新对策。

第四,搞好调查研究,必须从群众中来、到群众中去,广泛听取群众的意见。人民群众的社会实践,是我们获得正确认识的源泉,也是检验和深化我们认识的根本所在。调查研究成果的质量如何,形成的意见正确与否,最终都要经过人民群众的实践来进行检验。领导干部进行调查研究,要放下架子、扑下身子,深入到人民群众当中,倾听他们的呼声,体察他们的情绪,感受他们的疾苦,总结他们的经验,吸取他们的智慧。我们看看张闻天同志当年是怎样进行调查研究的:

1941年8月,中共中央作出了《关于调查研究的决定》。张闻天同志积极地响应中共中央的号召,主动率团深入农村进行了一次为期一年多的调查,史称"晋陕调查"。张闻天主持的"晋陕调查",有以下几大特点:

一是时间长、规模大。这次调查从1942年1月开始,到1943年3月结束,历时一年零2个月。"延安农村工作调查团"

开始时是 10 个人，到晋西北后增加到 40 多人；调研范围涉及陕北的神木、府谷、绥德、米脂和晋西北的兴县等地，调查团成员总计跑了 23 个村镇。

二是深入到群众之中。在调查过程中，张闻天同志化名张晋西，吃住都在农民的家中，以普通工作人员身份出现，群众始终不知道他是共产党的"大干部"。在所直接调查的村庄，他挨家逐户同农民、干部和各种人物谈话，几乎走访了所有的农户。由于亲近群众，和群众建立了良好关系，所以群众和他是无话不谈。

三是全方位调查。"晋陕调查"的主要目的是研究如何发展农村的生产力、提高农民生活以适应战争形势。为此，张闻天同志率领的调查团系统地对农村生产力和生产关系进行了调查。其中既有生产力的状况，从土地、人口到劳动力、肥料、种子、资金等生产要素，从耕作到分配的整个过程的调查，又细致到当地各种土地类型及其等级，各种作物在各种土地单位面积上的播种量、施肥量和年产量，各种牲畜的使役量、产肥量、租用借用办法、全年的经济效益、各种草料的消耗量等，什么土壤、什么庄稼，为什么高粱产量低仍然要种它，为什么贫穷人家不能种小麦，这些都在调查的范围之内。此外，调查团还在米脂、绥德等城镇作了详细的公私营工商业调查，还有集市、物价、租赁、借贷等调查。

四是调查形式多样。调查中，调查人员既关注现实情况，也考察历史演变；既主要向群众调查，同时也向村乡干部、工作人员和各种职业人员调查；既有调查会、座谈会，但更多的是挨家入户调查。既注意典型调查，也注意基本情况的调查。张闻天尤其重视群众基本情况的调查。他说，在上面待久了，常常会把群众中最普遍、最平常，但又是最重要的东西忘掉。

五是注重分析研究。在调查中，张闻天强调，调查要与研究相结合，调查材料应经常整理、补充校正；调查初步完成，即应在当地加以研究。每次走访，他都口问笔记，而且事后就立即对调查材料进行整理；整理过程中发现问题，就再到群众中调查，"即调查即研究。补充不足的，加上新发生的"。调查材料整理好之后，还要询问基层干部这些材料是否属实，所总结提出的意见是否切合实际。特别是，他并不满足于群众的口述，还强调，调查需要亲身感受，需要"生活、体验、感觉、实地观察"，对收集的资料要熟悉和消化，要进行分析综合。基于这样认真、细致的调查，张闻天等同志撰写了多篇调查报告。如《陕甘宁边区神府县直属乡八个自然村的调查》；《晋西北兴县二区十四个村的土地问题研究（报告大纲）》；《米脂县杨家沟调查（一九四二年十一月十九日）》等。1994年6月，《张闻天晋陕调查文集》由中共党史出版社出版。[1]

总而言之，搞好调查研究，必须一切从实际情况出发，坚持实事求是的原则，树立求真务实的作风。一切结论应该产生在调查研究之后，而不是事先定好调子。调查研究一定要做到不唯书、

---

[1] 李东朗：《"晋陕调查"：走群众路线的典范》，《北京日报》，2013年7月22日。

不唯上、只唯实。

调查研究需要有脚踏实地的精神。只有脚踏实地，才能掌握真实的情况，才有发言权，从而为科学决策、为计划的制定、为抓落实提供有价值的依据。

四、坚决反对弄虚作假，实事求是做好工作

求真务实，是我党的优良传统和作风，但是现在，这种优良传统和作风正在受着严峻的考验。在一些地区和部门，一些领导干部为了自己的所谓"政绩"，大肆弄虚作假，以致浮夸成风。中原某县就曾经是玩数字游戏的高手。

该县本是全国 100 个贫困县中的一个，在全省的经济实力也是倒着数才能上名次。但在 2000 年的全省各县经济实力排序中，该县却突然"龙腾虎跃"，一下子从历年的全省倒数第三，飙升到第 26 位，达到一个中等发达强县的水平。

是该县适应改革开放的新形势，真抓实干，使全县的经济腾飞了吗？非也。这一奇迹是原县委书记杜某一手"创造"的。

该县地处深山，土地瘠薄，人均耕地仅为一亩左右。2000 年，全县农民人均毛收入 1050 元，扣除农业生产性投入，人均纯收入仅有 750 元。但是，在杜某的操纵下，"人均纯收入"竟然高达 1819 元。

该县当年玩欺上瞒下的手段，是非常"高超"的。一次，市

领导要来检查养猪模范村，县领导担心仅有十几头猪的这个"模范村"露馅儿，便让村长提前布置一番。领导的小车队一露面，村民们就一齐用棍子使劲打猪。市领导老远听到一片猪叫，连说"这个村猪真多"，随即越村而过。另一个村只有几十头牛，却声称已经建成数百头牛的养牛基地。听到县委要来检查，村长便到邻县各村"租"来一大群牛摆样子。

县委书记大搞"政绩工程"为自己"撑面子"，下面的干部必然以此为"时尚"。连年的弄虚作假，虚报浮夸，使该县农民直接损失3.1亿元，贷款资金死滞呆账损失达1.2亿元，国家大量的扶贫款变成了造贫款。

这是一个典型的因弄虚作假而坑害人民、坑害国家的案例。虽然造假者杜某因触犯法律而被追究了责任，但人民利益、国家利益所受到的损害，却是无法弥补的。

《人民日报》2015年12月11日05版登载的一篇文章还讲了这样一件事：

有个地方，为了让上级考察时看到自己的扶贫成绩，派一些小学生披着装化肥用的白塑胶袋，趴在领导路过的山坡上。

领导远远望去，山坡上尽是"美羊羊"，大加赞许。地方干部"喜洋洋"，皆大欢喜。

对于弄虚作假，群众意见极大，下面的对联从一个方面反映出群众的不满："上级压下级，层层加码，马到成功"；下联是"下级骗上级，层层掺水，水到渠成"；横批："数字出官，官出数字。"

江泽民同志曾经一针见血地指出:"形式主义的东西多了,层层效仿,大量的时间都花在这个上面,对领导来说,耗费许多精力,妨碍深入实际;对群众来说,劳民伤财,不堪其累。"

不管是形式主义、官僚主义、还是主观主义、弄虚作假,都是抓落实的大敌。

第一,有害于党的路线方针政策的贯彻落实。贯彻落实党的路线方针政策,需要准确理解党的路线方针政策,需要掌握真实的客观实际情况。但如果习惯于做表面文章,就不能准确地理解党的路线方针政策,就不能深入实践调查了解客观实际的真实情况,从而会使党的路线方针政策的落实偏离正确的方向。

第二,有害于党群关系、干群关系。热衷于搞形式主义、官僚主义、主观主义、弄虚作假的人,只顾自己的"政绩",不管人民群众的疾苦。他们为了自己的政绩,劳民伤财在所不惜。这种做法,必然引发群众的不满,从而导致党群关系、干群关系的疏离。

因此,各级领导干部需要坚决反对形式主义、官僚主义、主观主义和弄虚作假,求真务实,踏踏实实地抓好落实。

第五章

责任担当，一级带着一级干

★ 第五章 责任担当，一级带着一级干 ★

2018年5月，中共中央办公厅印发了《关于进一步激励广大干部新时代新担当新作为的意见》（以下简称《意见》），《意见》要求，各级领导干部要切实发挥示范表率作用，带头履职尽责，带头担当作为，带头承担责任，一级带着一级干，一级做给一级看，以担当带动担当，以作为促进作为。

领导干部抓落实，必须强化责任担当，带头履职尽责，带头承担责任，一级带着一级干，一级做给一级看。

一、领导干部必备的一项基本素质

党的十八大以来，习近平总书记在系列重要讲话中多次强调："责任担当是领导干部必备的基本素质。"习近平总书记的这一判断，是对领导干部的素质提出了明确而具体的要求。

第一，责任担当是优良的政治品质。所谓政治品质，是一个人在政治上的品行操守。领导干部作为党和政府的执政骨干，必须具有优良的政治品质。有了优良的政治品质，才能在大是大非问题上明辨是非、立场坚定，才能在错综复杂的矛盾和形势面前坚持原则，旗帜鲜明，才能不折不扣地抓好党的方针政策的落实。

领导干部优良的政治品质由诸多要素综合而形成，而责任担

领导干部怎样抓落实

当，则是一个关键而核心的要素。

领导干部有了责任担当，才会"权为民所用，利为民所谋，心为民所系"；领导干部有了责任担当，才会为人民群众排忧解难，即使是为群众赴汤蹈火也会在所不辞。党的优秀干部孔繁森就是一个有责任担当、能够抓好党的路线方针政策落实的人。

孔繁森早年在部队医院当过兵，懂得一些医术。到西藏工作后，他看到当地缺医少药现象非常严重，就准备了一个小药箱，买上一些常用药品，为农牧民看病治病。

一次，有位70多岁的藏族老人肺病发作，浓痰堵塞了咽喉，生命垂危。当时，没有其他医疗器械可用，孔繁森就将听诊器的胶管伸进老人嘴里，对着胶管将痰一口一口地吸出来，然后又为老人打针服药，直到老人转危为安，他才放心地离去。

如果他对人民没有真感情，没有责任担当，是不可能做到"对着胶管将痰一口一口地吸出来"的。

领导干部有了责任担当，才能永葆其先进性和纯洁性。习近平总书记指出："是否具有担当精神，是否能够忠诚履责、尽心尽责、勇于担责，是检验每一个领导干部身上是否真正体现了共产党人先进性和纯洁性的重要方面。"

先进性是一个相对的概念，是一事物相对于其他事物所表现出来的优良特质。政党作为特定阶级利益的集中代表者，作为特定阶级利益而进行斗争的政治组织，其先进性就是相对于这一特定阶级的普通成员和其他政治组织所表现出来的优良特质。

第五章 责任担当，一级带着一级干

中国共产党作为中国工人阶级的政党，其先进性就是代表着中国先进生产力的发展要求，代表着中国先进文化的前进方向，代表着中国最广大人民的根本利益。

纯洁，是指纯正清白，没有污点，没有私心。党的纯洁性，是指党组织、党员领导干部、普通党员在日常工作和生活中所表现出来的纯正清白品质。

纯洁性是无产阶级政党一贯的价值追求和行为准则。保持党的纯洁性，是中国共产党建设的永恒主题。

早在1945年，毛泽东同志就明确指出，要夺取全国革命的胜利，"就要有一个有纪律的、思想上纯洁的、组织上纯洁的党"。

如今，我们要全面建成小康社会、夺取新时代中国特色社会主义伟大胜利、实现中华民族伟大复兴的中国梦，也必须有一个"有纪律的、思想上纯洁的、组织上纯洁的党"。

党的先进性和纯洁性是需要党的各级领导干部的先进性和纯洁性来体现的。这就要求党的各级领导干部能担当起践行"三个代表"的重要任务，保持自身的纯正清白品质。

第二，责任担当是崇高的精神境界。境界，是指人在某件事物上所处的水平。人生在世，为人、做事、做官，都有一个境界的问题，而且境界还有高有低。

2003年7月13日，时任浙江省委书记的习近平在浙江日报头版《之江新语》专栏，以"哲欣"为笔名，发表了"理论学习要有三种境界"一文，文中写道：

著名学者王国维论述治学有三种境界：一是"昨夜西风凋碧树，独上高楼，望尽天涯路"；二是"衣带渐宽终不悔，为伊消得人憔悴"；三是"众里寻他千百度，蓦然回首，那人却在灯火阑珊处"。

领导干部学习理论也要有这三种境界。首先，理论学习上要有"望尽天涯路"那样志存高远的追求，耐得住"昨夜西风凋碧树"的清冷和"独上高楼"的寂寞，静下心来通读苦读；其次，理论学习上要勤奋努力，刻苦钻研，舍得付出，百折不挠，下真功夫、苦功夫、细功夫，即使是"衣带渐宽"也"终不悔"，"人憔悴"也心甘情愿；再次，理论学习贵在独立思考，学用结合，学有所悟，用有所得，要在学习和实践中"众里寻他千百度"，最终"蓦然回首"，在"灯火阑珊处"领悟真谛。只有这样，各级领导干部才能做到带头学、深入学、持久学，成为勤奋学习、善于思考的模范，解放思想、与时俱进的模范，学以致用、用有所成的模范。

王国维论述治学有三种境界、习近平总书记认为领导干部学习理论也有这三种境界。治学、学习理论有境界，领导干部在领导岗位上做事也有境界问题。

领导干部在领导岗位上做事有四种境界：第一种是尽力；第二种是尽心；第三种是尽情；第四种是尽责。

"尽责"，就是做好职责范围内应该做的事，担当起自身应该担当的责任，即责任担当。责任担当是领导干部在领导岗位上做事的一种最高境界。

第五章　责任担当，一级带着一级干

为什么说责任担当是领导干部在领导岗位上做事的一种最高境界？

一是责任担当，就是要履行职责。每一个领导岗位都有每一个领导岗位的职责。领导干部在领导岗位上工作，必须履行好其职责。一个领导干部如果不能履行好其职责，即使他尽力、尽心、尽情了，也不能说他是一个合格的领导干部。作为一个合格的领导干部，他在对岗位职责尽力、尽心、尽情的同时，还要把工作职责履行好，其中一个重要的方面，就是抓好落实，而且这是最重要的。

二是责任担当，就是要完成使命。现实的社会工作中，每个人都要扮演着不同的角色，不同的角色有着不同的责任。作为医生，有"救死扶伤"的责任；作为教师，有"传道授业"的责任。每个人扮演的角色不同，所承担的责任也就不同，而饰演各种角色的最大成功，就是责任担当，完成使命。

习近平总书记在中央党校2010年秋季学期开学典礼上的讲话中指出："权力的行使与责任的担当紧密相连，有权必有责。看一个领导干部,很重要的是看有没有责任感,有没有担当精神。"

美国纽约前市长鲁道夫·朱利安尼则说过："所谓的领导，就是在享受特权的同时，承担起更大的责任。在风险和危机来临时，有勇气站出来，单独扛起压力。"

鲁道夫·朱利安尼正是基于这种对责任担当的认知，他才能带领纽约市民走出了"9·11事件"的那场前所未有的危机，他也因之而成为美国民众心中的英雄。

三是责任担当,就是要履行契约。工作岗位职责,其实就是契约条款。领导干部有责任担当,才能不畏任何艰难困苦去履行职责。面对艰巨的工作任务,他能义无反顾、积极主动地承担;面对工作中遭遇到的挫折困境,他能不气馁,不退缩,以大无畏的勇气去努力克服。

一个能够履行职责、完成使命、履行契约的领导干部,不能不说是达到了工作的最高的境界。

第三,责任担当是积极的工作态度。工作态度决定工作行为,工作行为决定工作效果。积极的工作态度,能引发积极的工作行为,取得良好的工作绩效。相反,消极的工作态度,会导致消极的工作行为,从而影响工作绩效。记得古时候发生过这样一个故事:

有一年,江苏泰兴县发生了蝗灾。县太爷不愿意承担责任,就报告他的顶头上司:"本县过去从来没有发生过蝗灾,蝗虫是从我们的邻县如皋飞来的。"随后,他又写了一封公函给如皋县的县令,让如皋县令差人来捕捉蝗虫。

如皋县令见了公函,则大笔一挥回应道:"蝗虫本是天灾,并非县官无才;即从我县飞去,还请贵县押来。"

不言而喻,这两位县官哪一个的工作态度都不积极。消极的工作态度,导致的是相互推诿的工作行为,相互推诿的工作行为,造成了蝗虫继续泛滥成灾的结果。

其实，这种工作态度消极，导致相互推诿的事情现如今也是随处可见。有些人遇到工作任务，碰到疑难问题，你推我，我推你。甲让乙处理，乙叫丙合计，丙请丁斟酌，丁等甲审批……一项工作相互推，像个皮球来回踢。

领导干部抓落实，必须克服这种消极的工作态度，培养积极的工作态度。而责任担当，就是一种积极的工作态度。积极的工作态度，是领导干部抓好落实的关键一环。

二、责任担当是抓落实的重要保证

记得有人说过："人生所有的履历都必须排在勇于负责的精神之后。"

领导干部抓落实，担当精神不可或缺。领导干部有了担当精神，才会自觉自愿、积极主动地、以极大的热情和百分之百的努力去抓落实，从而也会激发出巨大的内在潜力。

第一，担当出信心、出毅力。戴高乐以"恢复法兰西的伟大"为终身职责。1940年，戴高乐身为装甲师师长在前线积极阻击希特勒德国对法国的袭击。法国宣布投降后，他领导了"自由法国"运动，积极反抗德国法西斯的统治。1944年6月任法兰西共和国临时政府首脑，随后在盟军的协助下解放了法国全境。1958年12月当选为法兰西第五共和国总统。

在戴高乐的眼中，"法兰西"三个字不仅是个地理概念、政治术语,而且是个精神实体。在感情上,他总是把法国看作一个不是取得伟大成功便是遭受惩戒性大灾难的国家。在理智上,他认为,如果不是站在最前列,法国就不是法国。

戴高乐不能容忍法国有着世界强国的伟大历史,却只拥有美国的经济和军事实力的一个零头的现实状况,因此,他立志要使法国走向伟大。他坚持不懈地号召法国人民攀登"高峰",虽然"高峰"有时只是淡淡的影子、若隐若现的梦幻。但对戴高乐来说,重要的是要让人民感到自己是在不断地向高处攀登。他认为,只有这样,国家才能伟大。他曾说过:"除非法国从事于一种伟大的事业,否则他就不成其为法国了。"

正如尼克松指出的:戴高乐的事业就是法兰西。他由于常常充满强烈的民族主义情绪,而富于高度、炽热、赤诚的爱国主义思想。他把自己看作是法兰西的化身,而他的使命就是发扬法兰西精神。在戴高乐的《战争回忆录》一开篇,就宣称:"在我的一生中,我总是这样或那样地想到法国。"他还一再表白:"使法国伟大,是我心上的唯一目标和我生命中最崇高的目的。"的确,在戴高乐的一生中,没有一件事比法国光荣的象征更能鼓舞他,也没有一件事比法国的软弱和失败更使他伤心。[1]

正是由于戴高乐以"恢复法兰西的伟大"为终身职责的强烈

---

[1] 戴高乐的事迹摘自史蒂芬·迪夫:《领导力》,延边人民出版社,2003年9月版,第73—75页。

愿望，使得他一生都在不停地为法兰西奋斗；也正是这份责任担当，使得戴高乐对法兰西的事业充满了信心；也正是这份责任担当，激发了他不懈努力、长期坚持的毅力。

第二，担当出智慧、出勇气。强烈的责任担当意识，能使人在工作中，敢于挑战各种艰难险阻，发挥出超常的水平；能使人在危机时刻迸发出智慧和非凡的勇气。因为，此时他心中想着的是他身上那重于泰山的责任。

一位人力资源部经理，在给员工进行培训时讲了他的一次亲身经历。他对公司员工说，他一辈子都不能忘记这次经历，而且他要组织公司的员工也接受这样的一次训练。他想让员工知道，责任是什么。

"这是一次野外拓展训练。

一群陌生的人组成一个团队。我们需要完成四项任务，每一项任务都需要集体来完成。如果有一个人没有完成，那么输掉的将是整个团队。

每一项任务都极为艰难。不过还好，我们这支叫作"狂飙"的队伍已经完成了艰难的3项，只剩下最后一项任务了。任务名曰：'一线生机'。要求队员必须爬到十米高的一个立柱上，然后站到立柱顶端的一个圆盘上，接着向斜前方纵身一跃，凌空抓住距离自己有1.2米远的一根横木，算完成任务。据这里的管理人员说，有很多人站到圆盘上不敢站起来，甚至都吓哭了，更别说完成任务。

没有一个队员有足够的把握完成任务,很多人甚至连勇气都不足。但是必须完成,否则所有的努力都将前功尽弃。

总会有一个人敢吃螃蟹,在其他队员近乎喊破嗓子的呐喊加油声中,这个敢吃螃蟹的人成功了。大家相互鼓励,一个接一个都完成了任务。

轮到最后一位了。一个娇小的女生。

当她刚刚爬上立柱的时候,我们就看到她的腿在发抖,而且越抖越厉害。我知道,其实很多人都知道,我们输了。但大家还是给了她最坚决、最热烈、最振奋人心的支持和鼓励还有指导,因为那个时候输赢已经不重要了,大家就是觉得不能让她一个人落下。这是我们的责任,她是我们的队员,我们有责任带她一起走。

当我们的心已经提到嗓子眼儿的时候,她已经蹲在圆盘上了。看得出,仅是站起来对她来讲都是极为艰难的事情。大家还在拼命加油,虽然大家都知道,对于站在十米高地方的她而言,我们的声音已经很微小了,甚至根本听不清我们在说什么,但我们能做的只有这些了,而且我们必须把我们能做的做好,这是责任。

她真的站了起来。我们知道,一个人站在上面真是很困难,无依无靠,甚至有些孤独,尽管仅仅是一刹那间。所有人都屏住了呼吸。

好像是在等了好久之后,她纵身一跃。我们都闭上了眼睛。我觉得那一刻,我比她更紧张。

她成功了。之后是雷鸣般的掌声,我还记得当时我的手都拍疼了。不光是因为胜利,最主要的是完成了任务。我们的任务,还有她的任务。我们没有丢下她,她没让我们失望。

后来,这个女生对我们说她有轻度的恐高症,'但是,我不能放弃,我的放弃会使整个集体输掉。'她的话像锤子一样重重地砸在了我们的心里,我们知道,那是责任的力量。"[1]

是强烈的责任担当意识,给了她这样大的勇气。责任担当意识就犹如催化剂,它促使责任人,尽心竭力的出主意、想办法,穷尽智慧和拿出勇气去履行他的责任。

第三,责任出力量、出成效。2011年7月2日下午1点半,在杭州滨江区的白金海岸小区,一个2岁女童突然从10楼坠落,过路女子吴菊萍毫不犹豫冲过去,徒手抱接了一下女孩儿。女孩得救了,吴菊萍的手臂瞬间被撞成粉碎性骨折。吴菊萍被网友评为"最美妈妈"。

有网友用公式估算出,吴菊萍接到小女孩的一瞬间,手臂承受的负担相当于接住一个335.4公斤的物体。

这是一个感人的故事。我们想象一下,别说一个弱女子,就是一个强壮的小伙子,要想接住335.4公斤重的物体,恐怕也是不可能的。但吴菊萍做到了。她为什么做到了,是责任担当让她迸发出来巨大的力量。

---

[1] 宿春礼,周韶梅:《责任胜于能力》,石油工业出版社,2006年1月版,第126—127页。

领导干部抓落实也是如此，有了责任担当，就能在工作中以饱满的热情，发挥出巨大的潜能，做出令人民满意的成绩。

三、培养责任担当的胆略和气魄

责任担当，困难挫折在所难免。这就需要培养责任担当的胆略和气魄。有了责任担当的胆略和气魄，即使工作复杂，困难艰巨，麻烦众多，这些复杂的工作，艰巨的困难，众多的麻烦，都可能会迎刃而解。狭路相逢勇者胜。

第一，面对歪风邪气，勇于亮剑出击。2014年1月7号至8号中央政法工作会议在北京召开。习近平总书记出席会议并发表重要讲话。他在讲话中强调："政法队伍要敢于担当，面对歪风邪气，必须敢于亮剑、坚决斗争，绝不能听之任之。"

习近平总书记的这段讲话不仅是对政法队伍提出的要求，也是对所有党的领导干部提出的要求。领导干部践行这一要求，需要在以下方面着力：

一是不做"好好先生"。东汉末年有个叫司马徽的人，人称"好好先生"。

据史料记载，司马徽从来不批评指出他人的短处，不管跟人说什么事，问他什么事，也不管这件事是好，还是坏，他都是说"好"。

一天，司马徽的朋友来到他的府上，伤心地谈起儿子去世的事，孰料司马徽接连说："很好！很好！"

他的妻子曾经劝他："人家有所疑，才问你，你哪能一概说好呢！你这样一切皆说好，并不是别人问你的本意呀！"司马徽说："像你这样说，也很好！"

领导干部绝不能做司马徽这样的"好好先生"。"好好先生"为人处世的哲学是"你好我好大家好"。没有原则，没有立场，有的只是圆滑。他们不讲是非，凡事皆曰好。"好好先生"是不会有担当精神的。

二是勇于亮剑出击。领导干部既然不要做好好先生，那么，面对歪风邪气，就要勇于亮剑出击。不怕歪风邪气，敢于担当责任，维护正义和公平。"全国十佳基层法律工作者"、"模范公务员"、"一级英模"、甘肃省古浪县黑松驿乡司法助理侯殿禄，就是这样的党员干部。

俗话说："清官难断家务事"；"民间纠纷最难办"。而侯殿禄每天面对的，恰恰多是这些涉及婚姻纠纷、赡养纠纷、债务纠纷、宅基地纠纷等家务事和民间纠纷。

对于这些家务事、民间纠纷，侯殿禄自然知道处理它的难度，但他更知道，小事往往是大事的根。有些小事如果不能得到及时处理，轻则会伤和气，重则大动干戈，甚至闹出人命。因此，侯殿禄不回避，不退缩，敢于担当责任。

他说："老百姓的事，没人管可不行；我吃司法助理员这碗饭，就要断清家务事，解决好民间纠纷。"

要说司法助理员的确是个苦差使,权力不大,责任不小,吃苦、费劲、劳累。气头上,群众有时还会把怨气撒给调解人。对此,侯殿禄却从不感到委屈。他认为:"只要群众矛盾化解了,我苦点累点没啥!"

1988年11月,小坡村一名妇女难产而死。家人要把她埋在邻近芦草沟村的一块坡地上。芦草沟有人认为不吉利,竭力反对,双方相持不下。

侯殿禄闻讯,马上顶风冒雪赶到10公里外的现场,同其他乡干部连续调解两昼夜,却没有效果。

第四天一大早,小坡村人把尸体抬上山,挖坑准备埋葬,芦草沟受到迷信观念影响的群众聚集坑边拦阻。争斗一触即发。侯殿禄在雪地里奔来跑去,终于把双方暂时劝住了。

当天晚上,两村的村民又在山岭上摆开了阵势,数百人手持棍棒、铁锹,怒目相对。侯殿禄赶紧叫人把尸体放回原地,并忍着一些人的辱骂,警告双方村民谁也不能动手,并反复讲解破除迷信移风易俗的道理。

他的苦口婆心终于感动了群众,第五天,双方同意就地土法火化尸体。然而谁都不愿沾上"邪气",没人提供木柴。他只好自己雇来拖拉机从山下拉来木柴、煤油。临近山岭,拖拉机上不去,瘦弱的侯殿禄弯着腰,迎着呼啸的北风、纷飞的大雪,走两步退一步,一点一点把木柴背上山。此时,已是晚上9点多钟了。

这时人们都躲得远远的。侯殿禄扯着沙哑的嗓子说:"我是共产党员，不信鬼，我来火化！"

他从笔记本上撕下几页纸，解开棉袄挡住风，点燃木柴。一直烧到次日凌晨2时，零下近30摄氏度的山顶上只剩下他和乡党委书记、干事3个人。到此时，侯殿禄已有90多个小时没挨一下热炕，没吃一口热饭了。

看到侯殿禄这样拼命地工作，不辞劳苦地为群众解决纠纷，有人便问他："你这样干图个啥？"侯殿禄说："我图的是乡亲们能过上安稳日子。"[1]

通过上面的文字描述，我们看到的是一个敢于担当责任的乡司法助理。

他的权力虽然不大，但他有着一颗为人民、为党、为政府负责的心；他的职位虽然不高，但他有着担当责任的崇高精神境界。

工作中，他不做"好好先生"，不做庸官混日子，他做的是敢于担当责任的铮铮硬汉。

面对歪风邪气，他挺直了腰板；即使是面对一触即发的争斗，他也决不退缩。这就是他的敢于亮剑的胆略和气魄。

第二，面对艰难困苦，敢于挺直胸膛。培养勇于担当责任的胆略和气魄，就是要面对艰难困苦，敢于挺直胸膛，能舍小家为大家；能以自身之苦，造就百姓之福。

---

[1] 中共中央宣传教育局：《新时期共产党员的风采》，学习出版社2001年5月版，第219—231页。

领导干部怎样抓落实

一是直面艰难困苦。面对艰难困苦，向来有两种截然不同的态度：一种是消极悲观、被动应付，有的甚至是回避退缩；一种是毫不畏惧、勇于面对、迎难而上。前者不是共产党人的品格，后者才是共产党人的品质。

事实上，回避艰难困苦是懦弱者的行为，勇于面对是强大者的品行。面对艰难困苦，回避不能解决问题，只有勇于面对才是解决问题之道。党的优秀干部、县委书记的榜样焦裕禄同志就是敢于直面艰难困苦的共产党人。

兰考在历史上是多灾多难的地方。焦裕禄同志到兰考的1962年，正是兰考遭受连续三年自然灾害最严重的一年。风沙打毁了21.4万亩麦子，秋天的涝灾又淹死了30多万亩庄稼，盐碱地碱死了10万亩青苗，全县的粮食产量仅有5000万斤，下降到历史的最低水平。全县36万人，受灾群众就有193000人。

早在1962年的春天，河南省委、开封地委就物色干部到兰考去，但一直没有物色到合适的人选。物色到了合适的人选，却又遭到拒绝。正是在这种情况下，上级领导的眼光注意到了焦裕禄。上级领导告诉他，兰考是全地区最苦、最穷、最困难的一个县。

面对这"三个最"，焦裕禄没有半点犹豫。他坚定地表示："感谢党把我派到最困难的地方。越是困难越磨炼人。请地委放心，不改变兰考面貌，我决不离开那里。"

到了兰考，焦裕禄给自己写了一幅字："拼上老命大干一场，决心改变兰考面貌。"这就是勇于直面艰难困苦的品行。

二是勇于知难而进。"事不避难，知难不难"。领导干部强化责任担当，面对艰难困苦，还要知难而进。知难而进，就要正确地认识面对的困难。

困难就是矛盾。矛盾是无处不在的，领导工作就是要解决矛盾。领导工作既然是要解决矛盾，解决困难也就是领导过程的应有之义。

困难具有两面性。领导干部在抓落实的过程中，困难的确是实现领导工作目标的阻碍，但如果解决了困难，困难就会成为前进路上的阶梯。

困难像弹簧，你弱它就强。困难是欺软怕硬的，你如果弱，它就处处是你工作的阻碍；你如果强，它就是你施展才干的舞台。

困难既然是欺软怕硬，领导干部强化责任担当，就要勇于直面困难，在困难面前挺起胸膛，不退缩，不回避，不掩饰，将解决困难为己任。党的优秀干部中共东山县委书记谷文昌就是一个勇于知难而进的共产党人。

谷文昌（1915年—1981年），是河南省林县郭家庄人，1944年加入中国共产党。1950年5月12日谷文昌随军解放东山岛。从此，他在东山这个海岛上辛勤耕耘了十四个春秋。

谷文昌担任东山县长之初的东山岛，一年四季6级以上大风多达150多天，森林覆盖率仅0.12%；百年间，风沙不断吞没家园，天花、眼病泛滥，外出当苦力、当乞丐的十之有一；当地有7个"蔡姓"村，被风沙埋得只剩4个。这是新中国成立初《东山县志》

上的记载。

下乡路上,当时还是县长的谷文昌,碰到一群村民,身穿破衣、手提空篮,一打听,要去乞讨。乞讨?!东山解放都3年了,居然还发生这样的事。"我这个县长,对不住群众呀!"

"不把人民拯救出苦难,共产党来干什么!""挖掉东山穷根,必先治服风沙",东山县第一次党代会上写下决议:"十年内全面实现绿化,根本解决风沙灾害。"

然而,实现这个奋斗目标,绝非易事。沙刚搬走,风一吹,又埋上。只能靠造林来固沙。造什么林?相思、苦楝、黄桦……十几种树轮种了个遍,无一成活。屡战屡败,有人气馁。"这沙灾,连神仙都治不好,听天由命吧。"

谷文昌对天发誓:"不治服风沙,就让风沙把我埋掉。"

屡败屡战,再聚人心。1955年,谷文昌担任东山第三任县委书记。干,一任接着一任干;种,一茬接着一茬种。

为了找到合适的海防林种,谷文昌和技术人员翻尽资料,大海寻踪。听说广东电白县成功种活了一种名为木麻黄的树,谷文昌立即派人前去。捧着树苗,他像孩子捧着地瓜一样兴奋。

"上战秃头山,下战飞沙滩"。1958年一开春,一连4天,数十万株木麻黄遍植全岛。

然而,失败又至。持续一个多月的倒春寒,冻死了几乎全部树苗,也寒透了所有人的心。几近绝望之际,技术员小林告诉谷书记,白埕村有9株还活着!谷文昌抚摸着那几株新绿的幼苗,就像抚摸婴儿的脸蛋儿,"能活9株,就一定能活9000株、9万株!"

希望,从这点点绿色开始。成立三人技术小组,开展"旬旬造林"试验,气温、湿度、风向、风力,详细记录在案。晴天种,雨天更种。终于,9株木麻黄,变成了20亩丰产试验林,又海潮般向各村漫去……

东山从此有了这样壮观的场面:一下雨,广播里马上播送造林紧急通知,各级干部带头冲进雨幕。百里长滩,千军万马,歌声与风声齐飞,汗水与雨水交织。

一心向着目标前进的人,整个世界都会给他让路。

3年过去,421座山头、3万亩沙滩,种上树,造了林,三十公里长的海岸线筑起了"绿色长城",昔日"沙老虎"制伏了。[1]

谷文昌为各级领导干部树立了勇于知难而进的榜样。当年面对东山人民被风、沙、旱、涝压得抬不起头、喘不过气时,谷文昌坚定地说:"共产党人不能在困难面前退缩!"他带领干部群众经过不懈努力,终于战胜了风沙。

实践证明,办法总比困难多。只要我们敢于直面困难、迎难而上,最终总能用有效的方法破解难题,抓好落实。

第三,面对棘手难题,不怕承担风险。趋利避害是人的天性。

---

[1] 吴焰、赵鹏、孔祥武:《人生一粒种 漫山木麻黄——谷文昌的生前事身后名》,《人民日报》,2015年4月7日。

正是由于这种天性,人们往往愿意对运行良好的事情负责,对成功的事情负责,而不愿意对运行不良的事情或棘手的难题担当。

事实上,具有担当胆略和气魄的领导干部,是不惧怕担当责任的,即使这种棘手的难题责任大如天。

比如说,二战时期的艾森豪威尔将军。1944年6月6日,盟军登陆诺曼底。面对被纳粹宣传为有去无回的"大西洋长城",战前是凶吉难以预料。

因此,当艾森豪威尔下达作战命令之后,他坐在桌子旁边,默默地写下了一张字条,并把它放在制服的口袋里,准备一旦登陆失败,拿出来发表。

字条是这样写的:"我们的登陆作战行动已经失败……所有士兵无论海、陆、空三军,无不英勇作战,鞠躬尽瘁,死而后已。假如行动中有任何错误或缺失,全是我一个人的责任。"

事过多年,艾森豪威尔在接受一位学者访问时,曾经谈及此事。他说,记得在南北战争时,南军在盖茨堡一役被打败,领兵的李将军只怪罪自己,他写信给总统说:"军队没有错,我一个人负全责。"他为此深受启发。[1]

比如说胡耀邦同志。"我们不下油锅,谁下油锅?"这句话是胡耀邦同志讲的。胡耀邦为什么要讲这样一句话?他讲这句话是有背景的。

---

[1] 蔡子强:《为将之道》,《海外星云》,2005年第21期。

第五章　责任担当，一级带着一级干

"文革"结束之后，当时的冤案堆积如山，社会矛盾非常尖锐。在1978年的中央工作会议上，叶剑英同志说："林彪'四人帮'他们利用篡夺来的权力，大搞法西斯专政，上整干部，下整群众，制造大量冤案、错案、假案，把许多老同志打倒，把大批干部和群众打成'走资派'、'反革命'，进行残酷迫害。"[1]

1977年12月10日，胡耀邦同志被任命为中组部部长。面对这大量的冤案、错案、假案，胡耀邦同志遵照党的实事求是、有错必纠的原则，以勇于亮剑的胆略，率领组织部全体同志，开始了一场人类历史上最艰难的冤案、错案、假案平反工作。

平反工作的艰难，当今的人们难以想象。虽然"四人帮"被打倒了，但阻碍的势力依然存在。下面的片段记载就可以看出当时这项工作的艰辛。

1978年2月中组部决定召开省市区党委组织部长分批参加的座谈会。

胡耀邦与几位局长谈话后经过一番思考，决定由中组部调查组的高奇同志来主持这一系列的座谈会。

戴煌先生在他所著的《胡耀邦与平反冤假错案》一书中记载了下面的内容：

耀邦把高奇请到自己办公室，对他说："你来具体操办'疑难案例座谈会'怎么样？"

---

[1] 叶剑英：《领导班子问题》，《党的文献》，1988年第6期，第8—10页。

高奇说:"我还没主持过这样的会,中央又没有解决疑难案件的政策界限。"

"政策界限一时还没有,"耀邦说,"这得靠我们去讨论实践。我现在只能给你四个字:实事求是。你就按这个精神去掌握。"

高奇仍面有难色。他说:"您已知道我资历浅,而座谈会要研究的案例,许多都是省部级领导干部的问题,我……我……"

因为会期已临近,耀邦毕竟有些急。他快步走到高奇面前,指着他说:"你还记得《论语》中的这句话吗?'见利思义,见危授命'。还有,李大钊同志有一句名言:'铁肩担道义,妙手著文章。'你这也是见危受命,去担起我们党的道义。在目前形势下,我们不下油锅,谁下油锅?!"

"再说,如果以后形势有了'重大变化',首先处分我,然后再处分你,怎么样?因为是我叫你干的!"

高奇被深深地感动了。他觉得,耀邦的这一言一行,都透现出一位真正共产党人的非凡胆略和勇气,对党对人民的极端负责精神,他应该学习。他霍地立起身,握着耀邦的手:"胡部长!您放心,我一定尽我最大的努力,按您的意见办好这件事!"

第一次座谈会,于1978年2月下旬在万寿路中组部招待所如期举行。

通过上面的叙述,我们看到了胡耀邦同志勇于担当责任的胆略和气魄。"在目前形势下,我们不下油锅,谁下油锅?!""再说,如果以后形势有了'重大变化',首先处分我,然后再处分你,怎么样？因为是我叫你干的！"

据新华月报社所编的《中华人民共和国大事记》，至1982年年底，全国共平反纠正了约300万名干部的冤假错案，数以千万计的无辜受株连的干部和群众得到解放。

谷文昌也是一个为了责任担当，敢于承担风险的人。国民党溃败台湾前，其残部疯狂抓壮丁，从仅有1.2万余户的东山，抓走4792名青壮年，留下了日夜思儿的白发爹娘、倚门望夫的新婚少妇、无依无靠的鳏寡孤独。

这些壮丁家属人数众多，遍及全岛。依照两岸当时硝烟对立的情势，这些壮丁家属是不折不扣的"敌伪家属"。一旦扣上"敌伪"帽子，就是阶级敌人。"壮丁们是被捆绑走的，他们的家属是受害人。""共产党人要敢于面对实际，对人民负责。"时任东山第一区区委书记的谷文昌，向县委建议：把"敌伪家属"改成"兵灾家属"。

东山县委经认真调研并报上级同意后，采纳了这个建议，一律称作"兵灾家属"，并决定对这些家属，政治上不歧视，经济上平等对待，生活困难给予救济，孤寡老人由乡村照顾。

两字之差，天地之分。一项德政，十万人心！[1]

把"敌伪家属"改成"兵灾家属"，这在当时的环境下，说

---

[1] 吴焰、赵鹏、孔祥武：《人生一粒种 漫山木麻黄——谷文昌的生前事身后名》，《人民日报》，2015年4月7日。

出了就不容易，更何况要做出来。谷文昌承担的风险显而易见。但是，他本着对党和人民负责的态度，以常人难以想象的魄力承担了这一风险。从而解决了数万家庭的困苦，赢得了人心。

两年后的"东山保卫战"，验证了这一切。1953年7月，国民党部队万余人突袭东山，我守岛部队不过千人，兵力悬殊。东山群众特别是妇女，肩挑手拎，车轮滚滚，为前线运水送粮。刘阿婆家里曾被抓走3名壮丁，她不仅挑水支前，还隐藏保护了两名负伤的解放军战士。

"国民党抓走我们的亲人，共产党把我们当成亲人养。哪怕做鬼，我也愿为共产党守岛！"保卫战后在评选立功受奖的东山群众时，那些失去亲人的妇女竟占了一半以上，刘阿婆也荣获一等功臣。[1]

---

[1] 吴焰、赵鹏、孔祥武：《人生一粒种 漫山木麻黄——谷文昌的生前事身后名》，《人民日报》，2015年4月7日。

第六章

锲而不舍,迎着困难挫折上

第六章 锲而不舍，迎着困难挫折上

习近平总书记强调："抓落实，贵在持之以恒，也难在持之以恒。有些地方、部门和单位抓落实之所以成效不佳，往往与缺乏经常抓、反复抓、持久抓有关。如果抓一阵子松一阵子，热一阵子冷一阵子，不能一抓到底，那怎么能把工作落实好呢？抓落实，一定要防止虎头蛇尾。目标确定了，任务明确了，就要咬定青山不放松，不达目的不罢休。"习近平总书记的话，概括来讲，就是抓落实，要锲而不舍。

一、锲而不舍，金石可镂

"锲而舍之，朽木不折；锲而不舍，金石可镂。蚓无爪牙之利，筋骨之强，上食埃土，下饮黄泉，用心一也。蟹六跪而二螯，非蛇鳝之穴无可寄托者，用心躁也。"

这是荀子《劝学》中的一段话。荀子的意思是说，拿刀刻东西，如果中途停止了，腐朽的木头也刻不断；如果不停地刻下去，即使是金石也能雕刻。蚯蚓没有锋利的爪牙，强劲的筋骨，但它却能上吃泥土，下饮泉水，这是因为它用心专一的缘故；螃蟹有六条腿，两只大钳，然而没有蛇鳝的洞穴它就无处容身，这是因为它心浮气躁的缘故。

领导干部怎样抓落实

荀子虽然是劝学,但对领导干部抓落实也同样有着启迪作用。

第一,锲而不舍,才能抵达成功的彼岸。抓落实,说起来简单,但要真正把它抓好,抓到位,没有锲而不舍的精神是办不到的。因为抓落实,必然会遇到许多矛盾和问题。面对困难,如果没有锲而不舍的精神,就会半途而废;只有锲而不舍,迎着困难上,才能抵达成功的彼岸。请看红军长征中的一段故事:

长征途中,中共中央和中央军委联合发出了《关于一、四方面军会合以开展新局面的战略任务的指示》。该《指示》指出:"我军基本任务,是用一切努力,不顾一切困难,取得与四方面军直接会合。""我军必须以迅雷之势突破芦山、宝兴之线守敌,奇取懋功,控制小金流域于我手中,以为前进之枢纽。"

实现这个战略目标的关键,是要翻越海拔4900多米的夹金山。

夹金山终年积雪,空气稀薄,气候变化无常,人迹罕至。此时,指战员衣衫单薄,还有许多战士身带重伤。但坚强的红军战士,忍受着严寒,迈开双腿向雪山前进。毛泽东、朱德等领导同志身穿夹衣夹裤,手持木棍,带头走在队伍的前面。

攀登到半山时,气候突变,狂风挟着冰雹劈头盖脸打来。指战员们手拉着手,同狂风冰雹搏斗着。

快接近山顶了,空气越来越稀薄。指挥员们一个劲儿地告诉战士们,无论如何不能停下休息,停下休息非常危险。大家搀扶着,终于胜利地翻过了大雪山。红一方面军与红四方面军于6月

14日在懋功县胜利会师。

显而易见,红军指战员如果没有锲而不舍的精神,是无法落实中共中央和中央军委指示的,也是无法实现"取得与四方面军直接会合"、"奇取懋功,控制小金流域于我手中"的战略目标的。

第二,锲而不舍,就要咬定青山不放松。"咬定青山不放松,立根原在破岩中。千磨万击还坚劲,任尔东南西北风。"这是郑板桥的一首诗。抓落实,锲而不舍,就是要有咬定青山不放松的劲头。

新疆南疆喀什地区叶城县的核桃林与山西右玉县的植树造林都是咬定青山不放松的成果。

如果你有机会来到新疆叶城县农村,你会看到在那里的农田中,种植着一排排整齐的核桃树。核桃树下还套种着各种农作物。如今,核桃产业已经成为叶城县农民增收的主要渠道。

然而,叶城县核桃产业的发展并不是一帆风顺的。据当地的一位领导同志介绍,种植核桃树经历了从进地头,到进农田;白天栽上,晚上被拔的过程。但我们认为,决策目标已定,就要按决策目标抓下去。一年接一年地种。"

多年来,叶城县的领导换了许多茬,但当地种植核桃树的目标没有变。有耕耘就有收获。现在叶城县已经有20多万亩核桃进入盛果期,产量超过2.47万吨,核桃收入占农民人均收入的44%以上。这是当地各族干部锲而不舍抓落实所带来的成果。

山西右玉县地处毛乌素沙漠的天然风口地带,是一片风沙成患、山川贫瘠的不毛之地。新中国成立之初，第一任县委书记带领全县人民开始治沙造林。

60多年来，一张蓝图、一个目标，18任县委书记和县委、县政府一班人，一任接着一任、一届接着一届，率领全县干部群众坚持不懈，用心血和汗水绿化了沙丘和荒山，现在树木成荫、生态良好，年降雨量较之解放初期已经得到了显著的增加。

第三，决不放弃，不达目的不罢休。1948年的一天，牛津大学邀请丘吉尔就"成功秘诀"做演讲。丘吉尔一露面，会场上就掌声雷动。丘吉尔用手势止住如雷的掌声后，说："我成功的秘诀有三个：第一是，决不放弃；第二是，决不、决不放弃；第三是，决不、决不、决不放弃！我的演讲完了。"

事实证明，成功者都是不言放弃的人。柏拉图为什么能成为著名的哲学家，也是因为他不言放弃。

一天，古希腊著名的哲学家苏格拉底在上课的时候，对他的学生们说："从今天开始，我要求你们每天做一件最简单也是最容易做到的事情。就是每个人把胳膊尽量往前甩，然后再尽量往后甩。总共甩300下。"

说着，苏格拉底作了一遍示范动作。然后问："大家能做到吗？"

学生们笑着回答道，就这么简单的事情，有什么做不到的？

过了一个月，苏格拉底问学生们："有多少同学每天坚持甩手300下？"有90%的同学骄傲地举起了手。

又过了一个月，苏格拉底又问了同样的问题。这回，有80%的同学自豪地举起了手。

一年过后，苏格拉底再一次问大家："一年之前，我要求你们每人每天坚持甩手300下，请做到的举手？"结果，只有一个人举起了手。这个学生就是后来成为古希腊另一位大哲学家的柏拉图。

领导干部抓落实，就要有这种不言放弃的精神。执着地去抓，不达目的不罢休。有了这种不达目的不罢休的精神，何惧各种困难？

二、事不避难，知难不难

领导干部抓落实，不可避免地要遇到各种各样的困难。抓落实中的困难，是指事情复杂，实现目标任务的阻碍多。面对困难，是知难而进，还是萎缩退避，不同的态度决定着抓落实的结果。

领导干部抓落实，锲而不舍，必须有知难而进的态度。勇于直面困难，善于解决困难。

第一，要正确认识困难。"事不避难，知难不难"。领导干部抓落实，知难而进，一定要正确地认识面对的困难。

困难就是矛盾。矛盾是无处不在的，领导工作就是要解决矛盾。领导工作既然是要解决矛盾，解决困难也就是领导过程的应有之义。

困难具有两面性。领导干部在抓落实中,困难的确是实现领导工作目标的阻碍,但如果解决了困难,困难就会成为前进路上的阶梯。

困难像弹簧,你弱它就强。困难是欺软怕硬的,你如果弱,它就处处是你工作的阻碍;你如果强,它就是你施展才干的舞台。

第二,要勇于直面困难。困难既然是欺软怕硬,领导干部抓落实,就要勇于直面困难。在困难面前挺起胸膛,不退缩,不回避,不掩饰。

将解决困难为己任。抓落实,有困难在所难免,领导干部要把解决困难为己任。有了这种责任意识,才能直面困难,最终战胜困难。

湖北省建始县龙坪乡店子坪村党支部书记王光国就是一位勇于直面困难的人。

王光国所在的龙坪乡店子坪村,四面环山,悬崖林立。村民们外出要攀岩越岭,交通很是不便。

王光国同志担任村党支部书记之后,决定带领群众绝壁凿路,将天堑变通途,改变家乡一穷二白的面貌。

为了打通横亘在村前的悬崖峭壁,6年间,他发扬愚公移山精神,带领村民在悬岩上腰系绳索像荡秋千一样一锤一锤打炮眼,如蚂蚁啃骨头一样一铲一镐撬石块,喝山泉水解渴,吃烤土豆充饥,早出晚归,年复一年,累计投义务工3.5万多人次,开挖土石2.2万余方,终于凿出一条长2.5公里的毛公路。

为修路，他还将自家卖猪攒下的几万元钱全部垫了进去。他也因之而被人们称为"愚公支书"。[1]

第三，要善于解决困难。知难而进，不仅要正确认识困难，勇于直面困难，更要善于解决困难，战胜困难。

一是为解决困难树立信心。有困难不可怕，可怕的是在困难面前退缩，丧失战胜困难、解决困难的信心。领导干部要善于解决困难，必须树立解决困难的信心，要相信有困难就有相应的解决困难的方法。阳光总在风雨后。拿破仑说："最困难之时，就是离成功不远之日。"

二是为解决困难寻找办法。解决困难的最好办法，就是寻找办法。一位企业家在谈到成功的经验时说："我之所以能有这样的发展，都源于我凡事都愿意找方法解决。我认识很多企业界的成功人士，从他们身上我发现了一个共同的规律：一个优秀的人往往是最重视找方法的人。他们相信凡事都会有方法解决，而且是总有更好的方法。"

困难是一种客观存在。作为一种客观存在，困难是事物内部矛盾的反映。矛盾的发展变化，是有其内在规律性的。因此，寻找解决困难的方法，就需要从矛盾发展变化的内在规律性入手。

矛盾有主要矛盾与次要矛盾之分。解决困难，就要善于区分主要矛盾与次要矛盾。区分了主要矛盾与次要矛盾，就要下功夫

---

[1]《全国优秀共产党员预备人选先进事迹》，新华网，2011年5月16日。

首先解决主要矛盾，解决了主要矛盾，次要矛盾就迎刃而解了。

三、勇于亮剑，敢抓敢管

社会的发展、改革的深入、利益的再调整，使得社会出现许多深层次的矛盾、问题和困难，给领导干部抓落实带来很多的阻力。面对这种现实，没有敢于碰硬的精神是肯定不行的。敢于碰硬就是对待那些急、难、险、重等棘手问题，敢于迎难而上，不畏惧、不退缩、不回避，知难而进，大胆深入的去调查、去追究、去解决。抓落实，必须要有这种敢于碰硬的勇气，敢抓敢管、敢作敢为。敢不敢碰硬，也是领导干部能不能抓好落实的一个重要因素。

第一，要有"五不怕"的精神。领导干部抓落实，必须要有"五不怕"的精神，不怕难事，不怕得罪人，不怕伤和气，不怕担责任，不怕丢官位。

为人民的利益敢抓敢管。古人云："为官避事平生耻"，老百姓说："当官不为民做主，不如回家卖红薯。"领导干部是人民的公仆，要牢固树立为人民谋利益、对人民负责的理想信念和态度，把人民的利益放在至高无上的位置，凡是关乎人民的利益的事，不管关系到谁、不管难度有多大都要敢于查处，敢于追究，敢于碰硬。

请看四川省南江县原县委常委、县纪委书记王瑛的先进事迹：

第六章　锲而不舍，迎着困难挫折上

2003年5月，王瑛接到了一封举报信。她立即召集会议分析案情，迅速展开调查。在办案的过程中，各种阻力接踵而至，有人甚至扬言："敢查这个案子，你几爷子是不想活了。"王瑛没有被吓倒，她鼓励办案人员："自古邪不压正，只要我们坚持一查到底，真相终将大白于天下。"

专案组同志听了王瑛这样一说，深受鼓舞，继续工作。王瑛不辞辛苦，连续奋斗5天5夜，她亲自对主要涉案人员进行谈话，相继突破3名关键人物，使案件查办取得实质性进展。两个月的时间，在王瑛的指挥下，专案组果断查结了这起重大案件，10名违纪违法人员受到应有的法律制裁和党政纪处分。[1]

第二，坚持原则、不畏惧。敢抓敢管，就要一抓到底，遇到问题，碰到矛盾，要坚持按原则办事，不畏惧、不退缩。

中国第一艘核潜艇的诞生，就与聂荣臻元帅的这种坚持原则、不畏惧的执着精神分不开的：

新中国建立初期，船舶工业基础比较薄弱，技术落后。我国海岸线漫长，没有先进的舰艇是不行的。当时，主管国防工业科研工作的聂荣臻元帅，在得知核潜艇的重要作用后，决心为中国建造自己的核潜艇。

1958年6月，聂荣臻元帅以自己的名义起草了一份绝密报告：

---

[1] 资料来源：《一片丹心书正气——追记中共南江县委常委、纪委书记王瑛》，中国共产党新闻网，2009年2月6日。

领导干部怎样抓落实

《关于开展研制导弹原子潜艇的报告》。这份报告很快得到了几位重要领导人的批示,毛泽东同志下决心:"核潜艇,一万年也要搞出来。"

1962年,苏联撤走了所有的原子能专家,给研制工作带来了很大的困难。再加上当时正赶上三年自然灾害,国家没有力量同时支撑原子弹与核潜艇两个项目,于是,有关方面决定先搞原子弹,让核潜艇研制工作下马。

聂荣臻元帅当时表示,核潜艇工作必须坚持下去,不能下马。

在他的坚持下,终于得到了周恩来同志的支持,保留下来一个由50多人组成的核动力研究室,继续研究。

1967年6月,"文化大革命"在全国蔓延开来,聂荣臻元帅和一大批老同志被诬为"二月逆流",受到了林彪,江青一伙人的迫害。为了保证研究工作不被中断,聂荣臻元帅在北京民族饭店召开了由主要工程负责人参加的会议,他在会上说:"核潜艇工程是毛主席亲自批准的,中央集体研究决定的一项关系着国防建设的重要工程。任何人也没有资格,没有理由让它半途夭折!"在得知那些造反派对核潜艇研制工作横加干涉和阻挠后,他愤怒地大声说:"不要理他们!抓国防建设,何罪之有?就是戴手铐,核潜艇工程我也抓定了!"

尽管如此,在造反派的干扰下,核潜艇研制工作还是未能很好的开展。这时,为了能够使工作继续下去,不受影响,核潜艇工程办公室的同志们以中央军委的名义发了一个特别公函,说明了核潜艇工程的重要意义,并列出了几条任何人不得违反的规定,并把研制任务一个单位一个单位的落实下去。

当最后报请聂荣臻元帅审批的时候,尽管他被诬为"二月逆流"而正遭受压制和打击,可是,他没有顾忌,毫不犹豫地签发了这份特别公函。

有了这份特别公函,等于研制核潜艇成为了最高统帅部的指示,从而保证了核潜艇研制工作一直下去,没有再中断过。在聂荣臻元帅的带领下,我国终于在1970年将第一艘核潜艇研制成功。[1]

可以讲,如果没有聂帅的敢抓敢管坚持,中国的核潜艇不知还要再拖延几年才能被研制出来。

领导干部在工作中,凡属于国于民有益的事情,就应该像聂帅那样,坚持原则,不怕歪风邪气,克服畏惧心理,坚持一抓到底。"怕"字当头,是干不好工作,抓不好落实的。

第三,主动迎难而上、不回避。曾国藩曾经说过:"天下最难的是当官。"当一个无所事事的庸官容易,要当一个能干事、干成事,不出事的官员不是一件容易的事。领导干部要抓好落实也是如此。

抓落实会遇到重重的困难。遇到困难怎么办,你视而不见,回避它,可是它仍然存在,而且还可能会愈演愈烈,最后到了不

---

[1]《聂荣臻与中国第一艘核潜艇》,中国网,2006年8月3日。

可收拾的地步。与其如此，不如正视它，挑战它，主动迎难而上，想方设法去战胜它。

　　作为领导干部，就要为人民负责。为人民负责，遇到困难，就应该迎难而上，毫不回避，这样才能不辜负党的期望，人民的重托。

第七章

开拓创新，转化思维解难题

第七章 开拓创新，转化思维解难题

江泽民同志曾经讲过："创新是一个民族进步的灵魂，是国家兴旺发达的不竭动力。"习近平总书记也强调："惟创新者强。"抓落实，必须要开拓创新，原则性与灵活性相结合，要把上级的精神和本单位、本部门的实际紧密结合起来，创造性地开展工作。做到："不离上级谱，唱好自己的戏。"

一、惟开拓创新者胜

开拓创新，需要有开拓创新的思维，即遇到问题能用"一种新颖而有价值的，非传统的，具有高度机动性和坚持性，而且能清楚地勾画和解决问题的思维"来解决问题。网络上曾经有过这样一个故事：

一家鞋厂，先后派了两位推销员到一个小岛上去推销鞋。第一位推销员来到岛上一看，很郁闷。因为他发现这个岛上所有的人都没有穿鞋的习惯。于是，他发电报回厂，这里没有鞋的销路。

第二位推销员也来到了岛上。他一看，非常高兴：这个岛上鞋的销售市场太大了。于是，他马上发电报，抓紧把鞋运来。结果，他大获全胜。

我们看，两位推销员不同的思维，带来了两种不同的结果。第一位推销员销售业绩在此小岛上为零，而第二位推销员的业绩却是十分优良。

在十九世纪中叶的美国，曾经发生过这样一个故事：当时，传说在美国的加利福尼亚州有个山谷发现了一座金矿。一时间，数十万淘金者蜂拥而至。他们疯狂地挖掘，幻想着一举能挖出个大金块，圆自己发财的梦。

就在许多人对"金矿"趋之若鹜时，有个名叫亚墨尔的农夫，却在做另外的一件事。他在别人拼命地挖金矿时，自己在悄悄地挖河。终于，一条小小的引水渠挖好了。这条引水渠直通工地。

亚墨尔将引来的水过滤，制成了一桶桶洁净的饮用水，卖给那些淘金的人。

淘金的人来了一拨又一拨。大家都是乘兴而来，败兴而去，谁也没挖到金子。但亚墨尔却跷着二郎腿，坐在水渠边，挖到了大"金块"。他靠着卖那一桶桶的饮用水，赚了上万美金。

别人挖金矿，亚墨尔挖水渠。而且亚墨尔挖水渠还赚了上万美金，别人挖金矿却分文未得。这就是开拓创新。

开拓创新，就是在已有的道路面前，另外开辟一条新的道路。也就是说，在抓落实工作的过程中，领导干部遇到难以解决的问题，要善于打破常规的路径，去另外寻找一个解决问题的新途径和新方法。

二、创新之前先破除

常言道，不破不立。开拓创新，先要破除。没有破除，就没有开拓创新。

第一，摆脱"路径依赖"。所谓"路径依赖"，是指人们一旦选择并进入了某一路径，就会像火车开动一样，惯性的力量就会驱使他们对这一路径产生依赖。

从某种意义上讲，人们的一切选择都会受到路径依赖的影响。人们过去做出的选择，决定了他们现在的选择；人们现在做出的选择，决定了他们未来的选择。

著名的"马屁股规则"，就为上述的观点做了非常形象的注解：

在美国犹他州的航天飞机推进器生产厂里，员工们都知道，每个推进器的直径宽度不得大于4.85英尺（1.47828米）。

为什么推进器的直径宽度不得大于4.85英尺呢？这是马屁股的宽度所决定的。

马屁股的宽度怎么能决定高、精、端的航天飞机推进器的直径宽度呢？

原来美国铁路两条铁轨之间的标准距离是4.85英尺，而在运送推进器时，火车可能要经过许多的隧道，但那些隧道的宽度仅比路轨宽一点点，超过4.85英尺，火车就可能无法运送推进器。

为什么美国铁轨的标准距离是4.85英尺呢？因为美国最早的铁路是由英国人设计的。

那么，英国设计师为什么选用4.85英尺作为两条铁轨之间的标准距离呢？因为这是英国电车轨道的标准距离；但电车车轨的标准距离又是依据什么确定的呢？答案是依据马车的轮距来确定的，因为最早设计轨道的设计师是造马车的。

那么英国马车的轮距为什么是4.85英尺？因为超过4.85英尺，马车将无法在英国的老路上行驶，老路上的辙迹宽度是罗马人定的，因为罗马人战车的宽度是4.85英尺。

但罗马人为什么将战车的宽度定为4.85英尺呢？答案让人哑然失笑，因为这是拉战车的两匹并排战马合起来的马屁股宽度。

从航天飞机推进器，到两匹马的马屁股，这本是风马牛不相及的事情。但路径依赖，却一步一步使马屁股的宽度决定了航天飞机推进器的直径的宽度。[1]

人们在社会中生活，都会在不知不觉中形成"路径依赖"。这种路径依赖一旦具有，"罗马人马屁股的宽度就将决定着航天飞机推进器的直径宽度"，最终使自己画地为牢。

我们在抓落实工作的过程中，要想开拓创新，首先就得摆脱路径依赖，从惯性思维中抽身而出。否则，我们的前进轨道可能就只有4.85英尺宽。

第二，解除思想束缚。解放，词典上的解释是"解除束缚"。由此而言，解放思想，就是要解除思想上的束缚。就抓落实来说，

---

[1] 逍遥梓博客：《马屁股规则》，新浪网，2006年10月14日。

领导干部要解除哪些思想上的束缚呢？

一是解除错误观念的束缚。在抓落实的问题上，有的领导干部存在着"狠抓落实就是开会，工作部署就是实绩"的错误观念。这种错误的观念会束缚着领导干部的思想。因为有了这种错误观念的束缚，领导干部就不会俯下身子抓落实，就不会脚踏实地抓落实。就会把落实抓在表面上，抓在口头上，抓在房间里。

二是解除经验主义的束缚。解放思想，解除经验主义的束缚，就是要使自己的思想认识，随着不断发展的客观实际的变化而变化。我曾经看到过这样一个故事：

从前，有个卖草帽的人。一天，他卖草帽卖累了，正好路边有棵大树。他就把草帽放下，倚着大树打起盹来。等他醒来，却发现草帽都不见了。抬头一看，树上有许多猴子，每个猴子的头上都戴着草帽。他想，猴子喜欢模仿人的动作，就把自己头上的草帽摘下来，丢在地上。猴子也学着他的样子，将草帽纷纷丢在地上。卖草帽的高兴地捡起草帽，回家去了，并将这一奇特的事告诉了他的儿子和孙子。

若干年后，他的孙子继承了家业。一天，他在卖草帽的时候，也遭遇了他爷爷同样的事。孙子想到爷爷曾告诉他的方法，便摘下草帽扔在地上。可奇怪的是，猴子们没有模仿他的动作。不久，猴王出现了，捡起地上的草帽说：开什么玩笑！你以为只有你有爷爷吗？

不言而喻，是经验主义让卖草帽的人丢掉了草帽。

事实上，经验是人类的宝贵财富，但客观事物是不断发展变化的。客观事物发展变化了，如果一个人还是抱着老经验不放，就会脱离客观现实从而导致问题的发生，影响工作目标的实现。要知道，老地图是找不到新航线的，昨天的太阳也晒不干昨天的衣服。

三是解除教条主义的束缚。解放思想，解除教条主义的束缚，就是要使思想和实际相符合，使主观和客观相符合，实事求是地、创造性地开展工作。

教条主义是马克思主义者们所坚决反对的。马克思就曾经态度鲜明地表示，我不主张我们竖起任何教条主义的旗帜。恩格斯也申明，我们的理论是发展的理论，而不是必须背得烂熟并机械地加以重复的教条。毛泽东则要求有教条主义思想的人"必须抛弃教条主义"。而邓小平同志多次强调："我们的现代化建设，必须从中国的实际出发。无论是革命还是建设，都要注意学习和借鉴外国经验。但是，照抄照搬别国经验、别国模式，从来不能得到成功。这方面我们有过不少教训。把马克思主义的普遍真理同我国的具体实际结合起来，走自己的道路，建设有中国特色的社会主义，这就是我们总结长期历史经验得出的基本结论。"[1]

解放思想，必须解除教条主义的束缚，紧密联系本地区、本部门、本单位的客观实际，抓好落实。

---

[1]《邓小平文选》第3卷，人民出版社1993年10月第1版，第2—3页。

三、提升创新创造力

有一个老和尚问一个小和尚:"如果往前走是死,往后退是亡,你往哪里走?"小和尚回答:"我往旁边走。"

"往旁边走",避免的是死亡,开辟的是生路。开拓创新,就是为了开辟生路。如何开辟生路?开辟生路需要培养创新思维,提升创新创造力。

创新思维是创新创造力的灵魂,是创新创造力提升的关键。

美国创造力开发公司总裁、创造学家罗杰·冯奥奇说过:"如果你对创造性思维持冷淡态度,你就不会认识到在一个发展变化、日新月异的世界上,激发和应用新设想是至关重要的生存技能。"

在罗杰·冯奥奇看来,一个人如果没有创新思维,在这个发展变化、日新月异的世界上,就没有生存技能。

领导干部抓落实也是一样,如果没有创新思维,在复杂多变、困难重重的工作任务面前,就会束手无策。如何培养创新思维,提升创新创造力?

第一,善于逆向思维。逆向思维是最典型的创新性思维。它是指人们在思考问题时,跳出常规,改变思考对象的空间排列顺序,从反方向寻找解决问题的办法。说得简单点,就是"倒过来想"。请看下面的案例:

20世纪80年代,中日两国合拍了《敦煌》《一盘没有下完的棋》两部影片。

影片拍完后，日本人要将投资建设的影视城烧掉。当地的官员很着急。他们与日方谈判，恳请日方不要烧掉影视城。但日方谈判者置之不理，坚持要烧掉。

后来，我方谈判者转变了谈判策略，告诉日方，他们有理由选择任何一种处理办法，包括焚烧。但是，因为影视城是建筑在中国领土上的，所以焚烧后的垃圾务请日方设法带走。还有，因为燃烧引起的环境污染，日方也应该做出一定的经济赔偿。

日方谈判者听了这段话，顿时目瞪口呆，随即向中方道歉。

案例中，"恳请日方不要烧掉影视城"，是惯性思维的产物；而"焚烧后的垃圾务请日方设法带走"，"燃烧引起的环境污染，日方也应该做出一定的经济赔偿"的谈判策略，则是逆向思维的结果。

逆向思维之所以能产生创新的效果，是因为人们思考问题，一般都是顺着想，也就是按照大家都认同的常情、常理、常规去想，或者遵循事物的某种客观顺序去想，比如从前到后，从上到下，从近到远，等等。既然是大家都认同的常理，所以遇到某一问题时，大家都会顺着想。如果有人不满足于只是重复别人的思路，不满足于停留在别人的水平上，而是跳出常规、打破常理，运用非常规的思路去思考，走别人没有走过的路，就会想出有所突破、有所创造、有所发展的新办法。

第二，善于发散思维。所谓发散思维，就是从一个信息源中导出多种不同结果的思维方法。它的主要表现特征就是"大胆地设想"。人们常玩的脑筋急转弯，利用的就是发散思维法。现在一些单位招聘人员也常测试发散思维。例如：

某单位招聘驾驶员，曾经出了这样一道考题：在一条公路中间，左边是一个人，右边是一条狗，眼看就要撞到他们了，你是撞人还是压狗？结果应试者答："当然是压狗。"自然，应试者落选了，答案是"紧急刹车"。

第三，善于转向思维。转向思维是创造性思维的又一种方法。它是指人们在思考问题时，其思路在一个方向上受阻时，便马上转向另一个方向。这就是"打得赢就打，打不赢就走"。或者说是"换一个地方打井"。

"换一个地方打井"，是著名的思维学家、"创新思维之父"德·波诺提出的概念。

有的问题经过一次转向就能解决问题，有的要经过多次转向，才能获得新方法、新方案。

一天，犹太富翁哈德走进纽约花旗银行的贷款部。他大模大样地坐了下来。

贷款部经理赶忙上前招呼："先生，有什么事情需要我的帮助吗？"

"噢，我想借些钱。"

"好啊，你要借多少？"

"1美元。"

"只需1美元？"

"是的，只借一美元，可以吗？"

领导干部怎样抓落实

"当然可以,不过您这样的绅士,只要有担保,多借一点也可以。"

"那这些担保可以吗?"哈德说着,从精致的皮包里取出一大堆珠宝堆在柜台上。

"喏,这是价值50万美元的珠宝,够吗?"

"当然,当然!不过,你只借1美元?"

"是的。"哈德接过1美元,准备离开银行。

一直在旁边观看的银行行长此时有点糊涂了,他怎么也弄不明白这位犹太人为什么抵押50万美元,却借1美元。

他急忙追上前去,对哈德说:"先生,请等一下,我想知道你有价值50万美元的珠宝,为什么却只借1美元呢?假如你想借30万、40万美元的话,我们也会考虑的。"

"啊,是这样的:我来贵行之前,问过好几家金库,他们保险箱的租金都很昂贵,而你这里却很便宜,一年才6美分。"

我们看,不同的角度产生了不同的结果。放到金库存,要花昂贵的保险费用,而借债抵押,一年只需要6美分。

前些年,我到温州调研。当地有关部门介绍说:近些年,温州的经济发展很快。有车的人多了。结果,道路拥挤。因此,他们不断地修路,但依然解决不了问题。后来,他们转换了思路,错时上下班。

这样一转化思路,等于延长了10%的道路,为财政节省了20多亿元。

第八章

落实文化，抓落实必由之路

所谓落实文化,是指贯穿于整个组织系统的、大多数团队成员形成的对落实的看法、习惯和理念等的总称。

抓落实,必须创建良好的落实文化。一个没有落实文化氛围的组织要想搞好落实,无疑是天方夜谭。

关于落实文化的作用,IBM的创始人托马斯·沃森说得很清楚:"一个组织的基本哲学思想对组织的作用比技术资源、经济资源、组织机构、创新和抓住时机的作用更大。"[1]

良好的落实文化,对团队成员起着巨大的激励和引导作用;相反,不良的落实文化则制约着团队成员的落实能力的发挥,从而影响落实。

一般说来,在一个组织中,落实文化主要包括:求实文化、责任文化、诚信文化和细节文化。

一、构建求实文化

求实,就是要实事求是。"实事求是"一词,最早出自《汉

---

[1] 转引自王强、胡汉辉:《管理创新十讲》,天津人民出版社,2002年9月第1版,第226页。

领导干部怎样抓落实

书·河间献王传》。它是东汉著名史学家班固赞誉汉景帝儿子刘德严谨治学态度的话。原文是:"修学好古,实事求是,从民得善书,必为好写与之,留其实。"唐代的严师古注释"实事求是"说:"务得事实,每求真实也。"这里是说,做学问,务必掌握详细真实的资料,以得出与实际相符合的结论。

毛泽东吸取了"实事求是"这一中国传统文化思想中的精华,并用马克思的辩证唯物主义和历史唯物主义来加以概括,从而赋予了它新的内涵。

1941年5月,在延安干部工作会议上,毛泽东作了《改造我们的学习》的报告。在报告中,他对实事求是作了如下的阐述:"'实事'就是客观存在着的一切事物,'是'就是客观事物的内部联系,即规律性,'求'就是我们去研究。我们要从国内外、省内外、县内外、区内外的实际情况出发,从其中引出其固有的而不是臆造的规律性,即找出周围事变的内部联系,作为我们行动的向导。"[1]

邓小平同志认为,毛泽东思想的精髓就是"实事求是"这四个字。他说:"毛泽东同志所以伟大,能把中国革命引导到胜利,归根到底,就是靠这个。"[2]

抓好落实工作,也必须靠实事求是。换句话讲,建立落实文化,

---

[1]《毛泽东选集》第3卷,人民出版社1991年6月第2版,第801页。
[2]《邓小平文选》第2卷,人民出版社1994年10月第2版,第126页。

首先必须在组织内形成一种实事求是的风气与氛围。"实事求是"是领导干部抓好落实的一项最基本的原则。

第一,戒除形式主义。形式主义是对实事求是的反动。抓落实,必须坚决反对形式主义。要在组织内造成一种实事求是的风习,养成实事求是的习惯。说实话、做实事,不唯书,不唯上,只唯实。脚踏实地地做好各项工作。

实践证明,凡是能够有效落实的组织,都具有求实的文化氛围。IBM 公司、海尔公司,等等,都是如此。

台湾塑胶企业集团总裁王永庆就曾说过:"我认为 IBM 成功的根本原因,不在它从事电脑科技行业,而在于它一向都能脚踏实地,从基础的地方着手,并且追根究底,探求出事物的道理之后,确实加以履行。IBM 有员工手册近十种,而手册内容包括从如何开车到如何对客户提供良好服务,样样都有,从这一点就可以了解,他们的踏实做事的精神,实际上超过了任何其他开发中的企业。[1]"

第二,工作讲求实效。工作靠真抓,事业靠实干,实干求实效。构建求实文化,就要在团队中营造真抓实干的风气。做工作不能仅有"苦劳",而没有功劳。也就是说,不仅要做事,而且要做成事。有这样一个故事:

一位老和尚身边有一帮虔诚的弟子。这一天,他嘱咐弟子们

---

[1] 转引自朱兵:《第一流的管理》,中国发展出版社,1997 年 2 月第 1 版。

每人去南山打一担柴回来。

弟子们来到南山脚下，却发现有一条大河挡住了去路，无法渡河打柴。大家垂头丧气，无功而返。

唯独有个小和尚与师父坦然相对。他从怀中掏出一个小野苹果，递给师父说："过不了河，打不了柴，我看见河边有棵野苹果树，我就顺手把树上唯一的一个苹果摘来了。"后来，这位小和尚成了师父的衣钵传人。

这个故事启迪我们，工作一定要注重实效，因为一个小的结果，也比没有结果强。0.1永远大于0。

二、构建责任文化

写下这个小标题，我首先想起的是两封来自遥远的英国的信函：

2002年的一天，位于武汉市中心的景明大楼的业主收到了一封来自英国的挂号信，信中写道：

景明大楼为本建筑设计事务所设计，设计的安全年限为80年，现已超期服役，敬请业主注意。

2005年的一天，广州市市政部门也收到50多年前提供建造广州海珠桥钢材的英国企业的一封来信。信中说：

修建海珠桥的钢材已经有100年的历史，接近使用寿命，建议进行检测，并根据测试结果进行加固。

原来，海珠桥是1950年由广州市政府着手重建的，所使用的钢材是从当时英国的一座旧钢桥上拆卸下来的，所以就其寿命计算，估计快有100年了。

两封遥远的来信，让我们掂量出"责任"这两个字的分量。

岁月流逝，景明大楼当年的设计者、海珠大桥当年的材料供应商，恐怕现在已是退离工作岗位，或者是已经不在人世。然而，他们人离开了工作岗位，离开了人世，但其组织的责任却没有丢。这些公司的工作人员传承了这种责任感，依然在履行着他们神圣的责任。

这实际上是英国公司责任文化的体现。领导干部抓落实，必须在单位内构建责任文化。

第一，让推诿扯皮休止。与上述这两家英国公司相比，我们的一些单位和部门，就缺少这种责任文化。以至于一些办事人员，遇事推诿搪塞，不敢也不愿意承担任何责任。下面的这首《扯皮谣》，就是对这种不正常现象的讽刺：

扯皮，扯皮，扯皮，无休无止。多少事，从不急；你推我，我推你。甲让乙处理，乙叫丙合计，丙请丁斟酌，丁等甲审批……一份公文到处传，像个皮球来回踢。或当"研究员"，研究研究成惯例；或当"老推事"，能推就推不迟疑；或当"好拳师"，不慌不忙打"太极"；或当"收发室"，来文照转省力气。一万年，不太急，何必争朝夕。

要解决落实问题，必须反对这种遇事推诿搪塞的坏习惯，让推诿扯皮休止。

第二,让每个人养成负责的习惯。构建责任文化,需要每个人养成负责的习惯。每个人都养成了负责的习惯,抓落实才能得心应手。海尔集团的成功就说明了这一点。

在海尔,责任文化已经成了企业文化的重要组成部分,正是这种责任文化成就了海尔的伟业。

在海尔,事事有人管,人人都管事。大到一个设备,小到一个电灯开关,都有责任人。发生任何的纰漏,总能找到人来对号入座。

海尔电冰箱厂有个材料库,楼高五层。整个大楼有2945块玻璃。为保证这两千多块玻璃"日清日洁",主管在这2945块玻璃的角上设置了编号小条,条上写有擦玻璃人和监督者的编码。发现哪一块玻璃脏,马上就能找到这两个人。

海尔电冰箱,从钢板成型到冰箱出厂,共有156道工序,545项责任。因为落到了实处,所以保证了质量。

哈里·杜鲁门担任美国总统时,在他的办公室门口,挂着一块牌子,上面写着:"责任就在这里。"每一位团队成员都应该具有这种态度。这样,才能使组织的工作真正落到实处。

如果你对下属的工作不满,请不要责怪下属,而是要先看看是否是自己用人不当或领导无方所造成;如果你觉得上司对你不够重视,请不要怪罪上司,而是要先从自己身上找原因,看看是否是自己能力不强或协调不当所导致;如果你不能完成组织交给你的工作任务，请不要抱怨工作太难做，而是要先检讨自己，看看是否是自己没有尽力。

西方著名的心理学家维克多·弗兰克尔（Victor Frankl）曾经说过："人生的终极意义在于承担责任，去寻找很多人生问题的答案，从而不断完成对每一个人设置的任务。"[1] 负责是一种人生态度，是一种价值追求。实践证明，富有责任感的人无论承担何种工作任务，都能比那些没有责任感的人更容易取得成功。

三、构建诚信文化

2001年，全国高考的语文试卷出了这样一道作文的题目：

有一个年轻人跋涉在漫长的人生路上，到了一个渡口的时候，他已经拥有了"健康""美貌""诚信""机敏""才学""金钱""荣誉"七个背囊。

渡船出发时风平浪静，说不清过了多久，风起浪涌，小船上下颠簸，险象环生。艄公说："船小负载重，客官须丢弃一个背囊方可安渡难关。"看年轻人哪一个都不舍得丢，艄公又说："有弃有取，有失有得。"年轻人思索了一会儿，把"诚信"抛进了水里。

---

[1] 转引自杰拉尔德·W·福斯特：《责任制造结果》，陈小龙译，中信出版社，2003年12月版，第2页。

寓言中"诚信"被抛弃了，它引发你想些什么呢？请以"诚信"为话题写一篇文章，可以写你的经历、体验、看法和信念，也可以编写故事、寓言等。

可以肯定，这位年轻人错了。一个人的成功，有许多种条件和因素，但"诚信"是一种最重要的因素；一项政策的落实，有许多种途径，但诚信是一种最重要的途径。早在两千多年前，人们就明白这一道理。孔子说："人无信不立。"商鞅还以广告的形式来展示他的诚信，来推动他的改革措施的落实。

战国时，秦国的商鞅在秦孝公的支持下，主持变法。为了表示他说话算数，他让人在都城南门外竖立了一根3丈长的木杆，并当众许诺："谁能将这根木杆搬到北门，奖赏十金。"围观的人很多，但没有人相信这是真的，谁也不动手。

商鞅见没有人去搬它，就又宣布："谁能将这根木杆搬到北门，奖赏五十金。"这时，有个男人上前把这根木杆扛到了北门。商鞅立即赏了他五十金。

知道这件事的人都说商鞅诚实守信。于是，他的新法在秦国推行了起来。

那么，领导干部抓落实，如何构建诚信文化呢？

第一，重视道德教化的作用。我国自古以来就有重视道德教化的传统。认为道德教化在维护社会秩序、促进良好社会风尚形成方面具有重要的作用。孔子就说："道之以政，齐之以刑，民免而无耻；道之以德，齐之以礼，有耻且格。"（《论语·为政》）

孔子的意思是说，用政法来诱导百姓，使用刑罚来整顿百姓，百姓只是暂时地免于罪过，却没有廉耻之心；如果用道德来诱导他们，使用礼教来整顿他们，百姓不但有廉耻之心，而且人心归服。

罗从彦在《议论要语》中则说："教化者，朝廷之先务；廉耻者，士人之美节；风俗者，天下之大事。朝廷有教化，则士人有廉耻；士人有廉耻，则天下有风俗。"

在罗从彦看来，用道德来教化百姓，是朝廷的首要任务。朝廷如果能用道德来教化百姓，百姓就会知廉耻；百姓知廉耻，社会的风气就好了。

古人之所以重视道德教化的作用，是因为他们充分认识到了道德的感召力量。卡耐基在《人性的弱点》中，曾经讲过这样一个故事：

太阳和风要比试谁的力量大，正好看到路上走着一位穿棉袄的老头。他们便约定谁能把老头的衣服脱下来，谁就算赢。

风首先出场，它猛烈地向老头刮去，结果，它越使劲地刮，老头把棉袄就裹得越紧，风无可奈何地败下阵来。

这时，只见太阳出场了。它用温和阳光照在老头的身上，并不断地加温。老头先是解开了纽扣，但还是耐不住热，最后终于脱下了棉袄。

道德教化的作用就像太阳一样，虽然是"随风潜入夜，润物细无声"，但却能真正作用于人的内心，使人们自觉自愿地按照诚信的道德规范要求去做。

领导干部怎样抓落实

第二，建立健全法规制度。现在的人们只要一谈到诚信问题，都会说外国人讲诚信，似乎外国人的道德水准比咱们中国人高出许多。其实，外国人能自觉地讲诚信这是事实，但他们的整个道德水准并非比咱们国人高多少。说一句有些显得夜郎自大的话，当我们的黄河长江已经哺育出绚丽的纺织花朵，浇淬出锐利的宝剑的时候，泰晤士、莱茵和密西西比河上的居民，还裹着树叶、拿着石制的武器在漫漫的原始森林里徘徊。

辉煌的物质文明，必然要有与之相适应的精神文明。因此，高尚的道德品质就格外为我们中华祖先所看重，尤其是对于诚信，更是推崇备至。不论是儒家还是道教，乃至法家，都极为看重诚信的价值。孔子认为"民无信不立"；荀子说"养心莫善于诚"；墨子提出"志不强者智不达，言不信者行不果。"道家的老子说："轻诺必寡信。"庄子重视"本真"："真者，精诚之至也。不精不诚，不能动人"。法家韩非子则认为"巧诈不如拙诚"。

这些优秀的文化传统千百年来一直流传着，影响和教育着我们一代又一代的炎黄子孙。显而易见，我们炎黄子孙的道德水准不会比外国人低的。

既然我们国人的道德水准不比外国人低，那为什么我们的国人不能像外国人那样自觉地讲诚信呢？请听西方人是怎样说的。西方人说："总统是靠不住的，唯一可靠的是制度"。原来，问题的关键，是我们缺乏健全的法制环境来保障诚信。

在国外，信用状况是依靠严密的法制环境来保障的，谁破坏诚信，谁就要付出沉重的代价。如果有人在银行借款到期不还，那么，以后他到任何一家银行借款，都会碰壁，甚至他找工作都要受影响，甚至他买保险的保费都要比他人贵，贷款的利率也要比别人高。

据一位在美国工作的朋友说，6年前，他有一笔92美元的账单没有付，后来这事他自己都忘了。结果2001年他买房子到银行贷款时，15年期的固定贷款利率是7%，而他却要付7.5%，因为银行在他的信用记录上记录了那笔欠款，结果，他不得不为此多付几千美元的利息。

看来，我们要想让诚信能够有效地被遵守，必须建立健全法规制度，用完善的法规来保证诚信规则的实现。这也是构建诚信文化不可或缺的一环。

四、构建细节文化

细节决定成败，是一段时期以来颇为流行的话语。这句话虽然有些夸张，但我们也不能否认，细节对成败确实有着非常重要的影响。

细节不仅对成败确实有着非常重要的影响，也对工作任务的真正落实起着关键的作用。一招不慎，也许就满盘皆输。所以，创建良好的落实文化，还必须构建细节文化。

构建细节文化，要求组织中的所有成员都能重视细节，认识到细节对工作任务的落实的重要性，养成重视细节的习惯。

我们不妨反思一下，为什么我们的有些工作不能真正地落实？原因当然是多种多样，但有一点我们必须承认，就是我们缺少细节文化，做事满足于差不多。而相比于我们，日本人重视细节的精神还是很值得我们学习的。

《IT经理世界》2004年第21期的"屯田制造的崩溃"一文，曾经记载过这样一个小故事：

国内有一家汽车制造厂，从日本请了几个技工来工厂工作。他们发现，这几位日本技工在工作时非常注意细节。比如，他们在拧螺丝钉的时候，总是要先在地上铺上白布，把要拧的螺丝钉一一放到上面，拿一个拧上，然后再回来拿另一个。

而我们中国工人在拧螺丝钉的时候，总是把螺丝钉揣在口袋里，直接到现场一口气拧上。

两种不同的做法，会产生不同的效果。日本技工的做法不会出现漏拧的现象，而中国工人的做法容易出现漏拧的情况。

如果出现了漏拧螺丝钉的情况，就会影响产品质量的落实。

第一，养成一丝不苟的习惯。什么是一丝不苟？咱们中国有一位驻德国汉堡的副总领事讲过的这件事情，能够给出生动而形象的答案：

那是他刚来汉堡时，一次，他在限速的公路上开车，为了越过前面德国人开的一辆车去转弯，他超速了几秒钟，

转弯后，他发现被超过的这辆德国人开的车在他后面紧追不

舍，一直追了一个半小时。

到了领事馆下车后，他问这个德国人为什么一直跟着他。这个德国人说，我追了你一个半小时，就是想问你一句话，你为什么要超速？

这就是"一丝不苟"，即做事情认真细致，一点儿也不马虎。抓落实，必须一丝不苟。

第二，精益求精，不马虎。所谓精益求精，按照词典上的解释，是"好了还求更好"。如何是"好了还求更好"？下面的故事会给出形象而生动的答案：

多年前，有一位年轻人来到一家著名的酒店当服务员。这是他涉世之初的第一份工作，因此他很激动，暗自下决心：一定要干出个样子来，不辜负父母的期望。

但让他没有料到的是，在新人受训期间，上司竟然安排他去洗马桶！并要求他必须把马桶洗得光洁如新！

面对着马桶，他心灰意冷。这时，同单位的一位前辈来到了他的面前。她什么话也没说，只是亲自洗马桶给他看。等到马桶洗干净了，她从马桶里盛了一杯水，当着他的面一饮而尽！

这位前辈用实际行动告诉他：经她洗过的马桶，不仅外表光洁如新，里面的水也是干干净净的。

前辈的示范给他树立了好的榜样，从此他安心洗马桶，而且将工作做得无可挑剔：他也可以当着别人的面，从自己洗过的马桶里盛一杯水，眉头不皱一下地喝下去。

领导干部怎样抓落实

　　后来,这位年轻人成了世界旅馆业大王。他就是康拉德·N·希尔顿。

　　这位前辈把马桶擦到里面的水都能喝的程度,追求的就是"精益求精"。

　　精益求精,要任何细节不放过。正确的决策目标确定之后,在落实执行中,细节决定成败。鄞州有一家生产电动托盘堆垛车的企业,因业务人员下单时疏忽,没有写明安装踏板,工厂照单生产,出运前也未经业务员跟踪查验,于是,10台机器漂洋过海到了罗马尼亚,客户却无法使用,只能退回重新安装踏板。

　　鄞州还有一家生产不锈钢餐具的企业,出口到日本的一批不锈钢餐盘,原本已通过日本客户的现场质量检验,但因忽视包装的质量,在运输途中部分纸箱损坏,导致表面划伤,客户无法销售而退回返修。

　　鄞州这两家企业的产品为什么"无功而返",就是因为忽视了细节。

　　精益求精,要用标准"死卡"不放。请看中铁建六公司第三项目部安全员于天照是怎样用标准"死卡"抓落实的。王建承先生在《抓安全就得钉是钉铆是铆——记六公司第三项目部安全员于天照》一文中详细记载了于天照用标准"死卡"不放抓落实的故事。下面是报道的原文:

　　"这地面没填实,立杆绑得也不直,拆掉重搭!"看着刚刚搭起的98号墩脚手架,于天照严肃地说。像这种因施工稍不规范就命令工人返工重来的事已不是第一次了。

于天照就是这样，抓落实执行钉是钉铆是铆，处处用标准"死卡"不放。用他的话说，就是要"卡"得人人按标准化施工。

2010年3月10日，于天照来到里木店特大桥工地，负责特大桥的施工安全。

里木店特大桥在哈齐客专一标段DK18—DK49处，长5000多米，153个桥墩，一个墩8个桩共1300多个孔，施工从钻孔开始。

一到里木店，于天照就先确定危险源。在他看来，抓安全必须从源头抓起。泥浆池、防护栏、深基坑、电闸箱、发电机……每个危险源都挂上"危险源警示牌"，天天反复巡视死看死守。这也是公司安检室要求的，"一法三卡"安全工作法有明确规定；对上级的指示精神，他总是落实得有板有眼非常到位。

钻孔时，全队18台钻机分成四伙同时作业，隔500米一伙。于天照天天来回巡视。有的钻孔桩在路边上，泥浆池深3米，行人掉下去就是事故，他把这作为防护重点，仔细检查每个泥浆池护栏是否符合标准要求，是否牢固；靠近路边的护栏经常被来往车辆刮倒或刮歪了，他总是及时上前重新稳固，还要检查电焊机是否完好，"漏保"开启是否灵活，不行马上更换；对"待笼"的桩孔总要检查一下有没有覆盖防护，即使仅"待笼"一两个小时也必须防护到位；遇到打混凝土时，他总要上去检查导管连接得牢不牢。导管长18米，分五六节，他一节一节地检查，检查完导管管箍又检查钢丝绳卡环。他知道，这看似小事，但极易留下安全隐患。若管箍拧得不紧，灌注混凝土时掉下一节导管灌桩就无法继续进行，就容易造成断桩。卡环不紧，提导管时钢丝绳就容易脱落，导管提不上来就会影响施工或造成质量事故……总之，在他眼里，事无巨细大小，只要和安全生产有关，都要仔细检查一遍才放心。他就是这样，每天都要巡视五六个来回，那可是 50 多公里啊！虽说有时可搭乘来往的施工车辆，可还是走得两腿发直发软；有两次因腿发软而崴了脚疼痛难忍，可他还是一声不响地走着，巡视着，检查着。在他看来，不管自己多苦多累，只要保证施工安全，就是再苦再累也值！

队长看他太辛苦，特意给他配了台自行车。这下可好了！有了"机械化"，于天照巡视得更"欢"了！

"刚开始下钢筋笼子时最头疼的是工人不戴安全帽。"当问他在里木店抓安全最难的是啥时他说。

"队长三令五申进工地必须戴安全帽，可一些工人嫌热，戴安全帽进工地，干活时却把安全帽放在一边。每发现这种现象我都立即制止，给他们讲不戴安全帽发生伤亡事故的案例，告诉他们戴安全帽是对自己的生命负责。下钢筋笼子时我就蹲在那里死看死守。"他说。

据于天照介绍，基础桩深 36 米，分两截下钢筋笼子一截 18 米，吊起后近 20 米高。钢筋笼子上有十一二个混凝土垫块，万一掉下来砸到脑袋上可不是闹着玩的！用二队队长张明鑫的话说就是："里木店特大桥主要是吊装作业、深基坑开挖、高空作业，日常检查非常重要。于天照天天从小里程往大里程走,重大危险源紧紧盯在现场,小事大抓,大事停工整顿,养成了人人重视安全,人人遵守安全标准化作业的好习惯。"

有人说他是"碎嘴子","天天总是那点儿事,总唠叨个没完!"可就是这个"碎嘴子",唠叨得不戴安全帽的戴安全帽了,施工时不遵循安全规范的遵循了,人人注重安全,确保了安全生产。[1]

构建细节文化,就得有于天照的精神。钉是钉铆是铆,不打马虎,处处用标准"死卡"不放。

---

[1] 王承建:《抓安全就得钉是钉铆是铆——记六公司第三项目部安全员于天照》,中国铁路工程建设网,2010年10月12日。

第九章

知人善任，打造落实的团队

★ 第九章　知人善任，打造落实的团队 ★

"一个组织有没有落实能力，关键看有没有选对人。一个再完美的战略决策，也会毁在缺乏落实能力的人的手中。"这是有识之士的论断。

领导干部抓落实，必须打造一支高效落实的团队。

一、树立正确的用人导向

导向就是方向标。古人云："用一贤人，则贤人毕至；用一小人，则小人齐趋。"习近平同志讲："用好一个干部，就是树立一面旗帜，就会在一个地方、一个部门、一个单位形成良好的工作氛围。一些地方、部门和单位之所以出现形式主义、官僚主义问题，往往同用人导向有关。"

领导干部抓落实，打造落实的团队，必须要树立崇尚实干的正确用人导向。

第一，让老实人不吃亏。让老实人不吃亏，就要旗帜鲜明地选拔任用求真务实、埋头苦干、默默奉献、不事张扬、兢兢业业为党和人民工作的干部；坚决不用那些好大喜功、虚报浮夸、投机取巧、坐而论道、作风漂浮、搞花架子的人。

第二，让敢担当的人有位子。让敢担当的人有位子，就要旗帜鲜明地使用那些为了事业的发展勇于负责、敢担风险、不计个人得失的干部；坚决不用那些遇事推诿、斤斤计较个人得失的人。

只有树立了这样的用人导向，才能调动广大干部群众落实的积极性，并在本单位、在全社会中形成崇尚实干的氛围。

二、识别优秀落实型人才

打造落实的团队，还必须要能够识别优秀落实型人才。

第一，了解落实型人才的特征。一般说来，落实型人才有以下几大特征：

一是具有较高的政策理论水平。一个人具有较高的政策理论水平，才能运用已拥有的政策、社会、行政管理等方面的知识及其实践技能去理解中央的政令、上级政府的决策和本地区、本部门（单位）的工作要求。否则，理解错误，把握失当，或者断章取义，就会南辕北辙，最终导致落实执行的失败。

二是具有高尚的道德品质修养。道德品质修养是落实主体有效落实中央政令、上级决策和本地区、本部门（单位）工作任务的思想基础和根本。优秀的落实型人才应该具有这样的道德品质：服从的观念；忠诚的精神；负责的态度；诚信的品质。

三是有效完成工作任务的能力。优秀的落实型人才不仅需要具有高尚的道德品质修养，还需要具有完成工作任务的能力，即"德才兼备"。

如果没有完成工作任务的能力,"能力恐慌",即使是想落实,也是无能为力的。

第二,有效识别落实型人才。要想有效地识人,并不是一件容易的事,就连智慧的化身诸葛亮都感叹:"夫知人之性,莫难察焉。美恶既殊,情貌不一,有温良而为诈者,有外恭而内欺者,有外勇而内怯者,有尽力而不忠者。"[1]

在诸葛亮看来,要辨识一个人的品性,是一件非常棘手的事情。善和恶固然是差之千里,但内在的真实想法,和外在所显露的神情也总是不一致。有的人外表温良忠厚,内心却虚伪奸诈;有的人外表恭恭敬敬,内心却满怀险恶;有的人外表威武凶猛,内心却胆怯懦弱;有的人办事看起来尽心尽力,但实际上却是心怀叵测。

正因为"知人之难",所以三国的人才学家刘邵在《人物志》里把"知人"归为最为难得的才能,并提出"知人者智"的论断,即知人是最大的聪明。那么,领导干部如何识别落实型人才呢?

一是听其言。"言为心声"。尽管现实中有很多言不由衷、口是心非的情况,但是,从总体上讲,一个人的思想、品德状况,还是能从他的言谈吐吐中反映出来的。一个满嘴脏话的人,不可能是一个讲文明、懂礼貌的人。

二是观其行。有的人是言语的巨人,行动的矮子,只说不做。

---

[1]《诸葛亮集·将苑·知人性》,中华书局,1960年8月版,第78页。

因此识别人才，不仅要听其言，更要观其行。也就是通过一个人的行为举止来观察他。

人的行为举止是无声的语言。它虽然无声，却能反映一个人的心灵，反映一个人的为人和道德品貌，体现一个人的素质修养、精神气质。尤其是人的下意识的行为举止所透露出来的信息，要比加工后的言语更能够直接、真实地表现一个人的心理活动和真实思想。这就为识别人才提供了一条重要的途径。曾国藩就特别善于通过这种途径来识别人才。

一天，李鸿章带了三个人来让曾国藩任命差遣。当时曾国藩吃饱饭后正在散步。他有饭后缓行三千步的习惯，所以那三个人就在一旁恭候。

散步之后，李鸿章请曾国藩接见那三个人，曾国藩却说不必了。李鸿章很惊讶。曾国藩告诉李鸿章："我在散步时，那三个人的表现都看过了。第一个人低着头不敢仰视，是一个忠厚的人，可以给他保守的工作；第二个人喜欢作假，在人面前很恭敬，等我一转身，他便左顾右盼，将来这个人必定阳奉阴违，不能任用；第三个双目注视，始终挺立不动，他的功名，将来不在你我之下，可委以重任。"

后来这三个人的仕途表现，果然不出曾国藩所料，那第三个人就是开发台湾有功的刘铭传。

三是察其友。常言道："物以类聚，人以群分"；"识人看处事；知人看结交。"人都是有朋友的，要想了解一个人，不必去费劲明察暗访，只要看一看他结交的都是一些什么人，就清楚了。一个人如果结交的都是些游手好闲的人，那他这个人也勤奋不到哪里去；一个人如果结交的都是些坑蒙拐骗者，那他这个人也诚实不到哪里去。

四是考于绩。所谓"考于绩"，就是通过考核一个人的工作实绩，来判断他的才干能力。工作实绩是判断潜在人才的关键一环。当年徐悲鸿就是通过实绩发现了齐白石的。

1929年，北平艺术学院院长徐悲鸿去看画展。挂在展厅角落里的一幅河虾图引起了他的注意。随同看展览的人告诉他，说作者是一位年纪很大的木匠。徐悲鸿仔细地观察着那幅画，说道，没想到这里还藏着一位杰出的国画大师。几天以后，徐悲鸿力排众议，聘请齐白石为艺术学院教授。一年后，又亲自作序，推荐《齐白石画册》。齐白石就这样被发掘了出来，成为一代国画大师。

五是询于众。"询于众"，就是广泛地听取群众的意见。群众的眼睛是雪亮的。他们每个人的心中都有一杆秤。因此，识别、发现人才还应该到群众中去，认真地听取广大群众的意见，而不能仅凭自己的好恶选拔干部。广泛地听取群众的意见，也能促使广大干部眼睛向下看，全心全意为人民服务，而不是眼睛只盯着领导，整天琢磨着怎样拍领导的马屁。一个眼睛只盯着领导，整天琢磨着怎样拍领导马屁的人，品质上就有问题，这样的人是万万使用不得的。

六是试于事。"试于事"，就是用一些具体的事情来测试他。

看他的能力、见识、修养如何。比如，请他出谋划策，考察他是否有见识；就某件事情跟他相约，考察他是否守信用，等等。

台湾金仁宝集团董事长许胜雄有一套通过吃饭识别人的招数。他说，他跟员工去吃饭时，会观察员工吃饭的行为。如果八个人去吃饭，刚好有一道菜是八块肉，这时，如果一个员工只顾自己，一连吃了几块肉，不管别人是否会吃到。这种人即便能力再强，也只能当副总，不能当总经理，因为他没有分享的概念。

三、处理用人的四大关系

十九大报告强调，选拔任用领导干部要"坚持德才兼备、以德为先，坚持五湖四海、任人唯贤，坚持事业为上、公道正派，把好干部标准落到实处。"

新时代党的组织路线进一步明确，"着力培养忠诚干净担当的高素质干部，着力集聚爱国奉献的各方面优秀人才，坚持德才兼备、以德为先、任人唯贤。"

领导干部抓落实，打造高效落实的团队，需要处理好以下四大关系：

首先，德与才的关系。"德才兼备"是选拔使用人才的理想标准，按照这个标准选拔使用人才，一定能保证人才的质量。

但是，我们在具体选才用人的实践中却发现，每个人"德"与"才"的水平实际上是不平衡的。有的人品德比较好，但才能差一些；有的人才能强一些，但品德却是略逊一筹。真正"德才兼备"的人，为数并不是很多。所以，鲁迅先生就曾经很幽默地说："倘要完全的人，天下配活的人也就很有限。"

既然如此，那么，打造高效落实型的人才队伍，就要处理好"德"与"才"的关系。怎样处理好这一关系呢？

一是德才兼备，好中选优。选拔使用人才，必须坚持高标准，严要求，德才兼备，好中选优。所谓德才兼备，就是品德好、能力强。

二是德才相比，德先才后。选才用人，才华固然重要，但品德更为关键。"德是才之本"，"才为德之资"。道德常常能填补智慧的不足，而智慧永远填补不了道德的缺陷。

道德品质是人才的成事之基，立业之本。因此，中国传统文化强调"修身，齐家，治国，平天下"。

宋代史学家司马光在编纂《资治通鉴》时，曾经根据晋国的大夫智伯因为才干胜过德行，挟才为恶，导致晋国灭亡这一典型的事例，提出了处理德才关系的原则。

司马光认为，就德才关系而言，无非有四种："才德全尽谓之'圣人'，才德兼亡谓之'愚人'，德胜才谓之'君子'，才胜德谓之'小人'。"

选拔使用人才，当然应该选拔使用那些德才兼备的"圣人"；如果没有德才兼备的"圣人"，退而求其次，是要选拔使用德胜才的"君子"；如果"圣人"、"君子"都得不到，那么，宁可要"愚人"，也不要"小人"。即"凡取人之术，苟不得圣人、君子而与之,与其得小人,不若得愚人"。

这是因为,"君子挟才以为善,小人挟才以为恶。挟才以为善者,善无不至矣;挟才以为恶者,恶亦无不至矣。愚者虽欲为不善,智不能周,力不能胜,譬如乳狗搏人,人得而制之。小人智足以遂其奸,勇足以决其暴,是虎而翼者也,其为害岂不多哉!"[1]

在司马光看来,君子凭借他的才能去做善事,做好事;小人则凭借着他的才力去做恶事、做坏事。

凭借才能做善事、做好事的,善事、好事会做得很周至;而凭借才力做恶事、做坏事的,恶事、坏事则会做得登峰造极。"愚人"即使想做坏事也不可怕,因为他们的才力不济,这就像小狗攻击人,人很容易就能制服它。而小人如果有才力,便如虎添翼,足以使他们干坏事的阴谋得逞,危害极大。司马光的观点很有道理。

陈云同志就讲:"现在有同志常说,要开拓型干部。开拓型也要,但首先要强调德,有党性。德才兼备,才干固然重要,但德还是第一。"

三是德才兼备,不求完备。选拔使用人才,坚持高标准、严要求、德才兼备、好中选优,是前提条件,但是,也不应该因此而求全责备,一味地去追求"完人"、"全才"。如果一味地追求"完人"、"全才",那天下就很少有能用的人了。

因此,领导干部在选拔使用人才时,应该牢记"德才兼备,

---

[1]《资治通鉴》卷一,第14—15页,中华书局,1956年6月版。

不求完备"这八个字。一般来说,求"德",要看大节,赦小过;求才,要看其是否能胜任本组织的工作,以及他是否比同层次的其他可选人员更胜一筹。

美国南北战争时的总统林肯,曾经为北军选了三位总司令,选用的标准都是他们必须没有什么缺点,而且这三位总司令统率的北军还拥有人力物力的绝对优势。但打了三四年,战局没什么进展,结果都被南军打败。

后来,林肯任命格兰特将军为总司令,而不去理会有的人对格兰特将军"嗜酒贪杯,难当大任"的反映。全力支持格兰特将军发挥所长。事实证明,格兰特将军的受命,正是南北战争的转折点。

第二,亲与贤的关系。"任人唯亲"和"任人唯贤"是两条对立的用人路线。它们的本质区别是用人为私,还是用人为公。我们党的用人政策,是"任人唯贤",坚决反对"任人唯亲"。这也是十九大报告和新时代党的组织路线所着重强调的。

正确处理"亲"与"贤"的关系,要求我们在选拔使用人才时,要出以公心,首先考虑的应该是他的品德和才能,而不是考虑他是否是自己的亲朋、好友。

当然,不是说亲朋、好友不能用,关键是先看什么。如果亲朋、好友德才兼备,当然可以"举贤不避亲"。

污水理论告诉我们:如果把一勺酒倒进一桶污水中,你得到的是一桶污水;如果把一勺污水倒进一桶酒中,你得到的还是一

领导干部怎样抓落实

桶污水。一个没有德行才能的人就是一勺污水，他能很快将一个高效的部门变成一盘散沙。

第三，长与短的关系。实际上，所谓人才，也有其擅长的特定领域。假如把他放置在他不熟悉的领域，优势也就变成了劣势。正像清代诗人顾嗣协在《杂兴》诗中所写的："骏马能历险，犁田不如牛。坚车能载重，渡河不如舟。舍长以就短，智者难为谋。生材贵适用，慎勿多苛求。"因此，领导干部要学会处理好长与短的关系。怎样处理好长与短的关系呢？

一是先看其长，后看其短。用人要是先看长处，到处都是可用之人；要是先看短处，天下都是无能之辈。司马光在《资治通鉴》卷一中曾经记载过这样一个故事：

孔子的学生子思，在卫国做事。有一次，他向卫侯举荐一个叫苟变的将领，说："苟变是一位能攻善战的将才，可以统兵五百乘（37500人），应该重用他。"

卫侯听了子思的话，摇摇头说："我知道苟变是位将才。但是他在做税官收税时，白吃了人家的两个鸡蛋，所以，我因此而一直没有用他。"

听了卫侯的这番话，子思感慨地说："好的领导者使用人才就好像木匠选择木料一样，取其长处，弃其短处。好的木材即使有几尺长的朽坏之处，优秀的木匠也不会因此而轻易放弃它。

现在正处于战乱的世道，国家急需人才，但是您却因为两个鸡蛋那样的小事，而弃勇猛将才，这种事千万别传出去叫邻国知道。传出去会叫邻国笑话。"

卫侯用人就是先看短处。结果,为了两个鸡蛋这样的小事而放弃了一个人才。

二是用其长处,避其短处。每个人都有长处和短处。人实质上是长与短的统一体。用人,应该择其长处来使用,而尽量避免其短处。

三是短中见长,善用其短。扬长避短,是用人的基本策略。但是,事物都是辨证的。在不同的情景中,长与短却是可以互相转化的。因此,高明的领导干部在选才用人时,总是能"短中见长,善用其短"。唐朝大臣韩滉便是如此。

一次,有位年轻人来向韩滉求职。此人脾气古怪,不善言谈,做事古板,不懂人情世故。

韩滉身边的人认为此人不可用。但韩滉却认为,做事古板,不懂人情世故是短处,但也是长处。因为他做事更能一板一眼,更能铁面无私。于是,就让他去监管库房。

这位年轻人上任之后,果然铁面无私,是一位称职的库房管理者。

所以说:"垃圾是未被利用的财富,庸人是放错了位置的人才。"

"扬长避短"固然值得牢记,但"短中见长,善用其短",更是用人的艺术。

第四,"职"与"能"的关系。选拔使用人才,不仅要坚持德才兼备、以德为先、任人唯贤,还要人事相宜。

人事相宜，就是要处理好"职"与"能"的关系。职，就是职位；才，就是才能。

正确处理职位与才能的关系，要求领导干部在选拔任用人才时，要能"因事设人，量才任职"。这就是说，要先有职位后选人才，不能先选人而后设岗。而且，职务的高低和才能的大小必须一致。

人才只有得到了与自己的才能相适应的职位，才能充分发挥自己的聪明才智。给老虎一座山，给猴子一棵树。

20世纪最成功的企业家杰克·韦尔奇说："让合适的人做合适的事，给合适的人以合适的权，远比开发一项新产品更重要。"这话说得非常有见地。

四、打造高效落实的团队

有人归纳说，在自然界中有三种"团队"：

一种是野牛"团队"。野牛个体强健、凶悍，但缺乏团队意识。它们成群迁徙时，如果领头牛被射杀了，它们就会横冲直撞，乱成一团麻，老弱病残的牛就会被活活撞死或踩死。

一种是螃蟹团队。螃蟹很有意思。装螃蟹的篓子里如果仅有一只螃蟹，需要加盖；但是如果篓子里有多只螃蟹，就不需要加盖了。因为如果有一只螃蟹试图爬出篓子，其他的螃蟹就会拼命拉它的后腿，把它给拽下来。结果是谁也爬不出去。

一种是大雁团队。每当秋季，大雁会从寒冷的北半球飞往温暖的南半球。而由北往南的路程是多少？20000多公里。这么长的距离，肯定困难重重。大雁们怎样克服困难到达目的地的呢？

原来，大雁在迁徙时会排成"雁阵"，即"V"字形（也叫"人"字形）队列或"一"字形斜阵飞行，并不断变换队形。

科学家发现，"大雁在飞行中会共同拍动翅膀，它们频率相同、步调一致。所有大雁都会自觉接受团队的飞行队列，自动协助队形建立。队列后方的大雁会不断鸣叫。如果发现受伤、生病或过度疲劳的同伴，团队中会有两只大雁自发离开编队协助同伴降落地面，直至它能够重回雁队或不幸死亡后再加入新的雁阵。领头雁并非一直贯穿始终，而是不断轮换。即使领头雁被猎人枪杀，大雁队列仍然保持不变。"

领导干部抓落实，要打造的是"大雁团队"。大雁单个看不强，但合起来却很有力量，能战胜各种各样的困难，抵达目的地。

第一，要培养团队成员的团队意识。所谓团队意识，就是整体配合协作的意识。这是团结协作的基础。"地狱与天堂"的故事，说明了团队意识的重要性。故事是这样的：

牧师向上帝请教："地狱跟天堂有什么区别？"上帝没有直接回答他的问题，而是把他带到一间房子里。

在这间房子里，牧师看到这样的情形：一群人围着一锅粥。他们每个人都拿着一把长长的勺子。可是，勺子的手柄太长了，他们谁也无法把粥喝到嘴里。他们的脸上写满了绝望。上帝告诉牧师："这就是地狱。"

随后，上帝又把牧师带到另一个房间。这里的摆设与前一个房间没什么不同。还是一锅粥，还是每个人拿着长长的勺子。唯一不同的是：这里的人们都把粥舀给坐在对面的人喝。他们的脸上都写满了快乐。上帝告诉牧师："这就是天堂。"

这个故事很有哲理。同样的条件，不同的结果。地狱的人没有团队意识，只想着自己吃，结果什么也没吃到；天堂的人具有团队意识，懂得配合协作，所以，关爱了别人，也满足了自己。

苏格拉底问他的学生："一滴水怎样才能不干涸？"学生们冥思苦想，得不出答案。后来，苏格拉底告诉他们："把它放到江、河、海洋里去。"

这个答案看似简单，但却蕴含着深刻的哲理。它形象地说明了"团队"的重要。孤零零的一滴水，风一吹，就会干涸；土一吸，就会无影。而把它放到江、河、海洋里，它的生命就会永恒了。

培养团队意识，就是要让团队成员意识到，如果没有团队意识，各行其是，团队就是一盘散沙，一盘散沙的团队是没有战斗力的，团队的目标是无法实现的。

第二，建立同化团队成员思想的"磁场"。如何统一团队成员的思想？在团队内部管理中，最重要的就是团队的价值观。

所谓团队价值观，是指整个团队的成员对周围客观事物的是非、善恶、重要性的总评价和总看法。

团队价值观决定着团队成员的工作态度，决定着团队成员的目标追求，决定着团队成员的行为方向。它是同化团队成员思想，

★ 第九章　知人善任，打造落实的团队 ★

协调团队各部门行为的有效"磁场"。

抓落实，必须注重用团队价值观来引导团队成员的行为。这样，大家才能心往一处想，劲往一处使，使团队的工作真正落实到位。英特尔公司就是这种方法的成功实践者。

英特尔公司，是全球最大的半导体芯片制造商。他们的产品创新和市场份额，一直在全球居于领先地位。

英特尔公司成功的奥秘，从表面上看，是该公司不断地推出顾客需求的新产品，但实质上，是在于企业用正确的价值观念来引导员工的行为。因为产品靠技术支撑，技术则由人来掌握，而人则是靠价值观念来支配的。

英特尔公司的价值观主要包括六项内容：客户至上、纪律严格、质量为本、冒险精神、良好的工作环境和注重结果。

在英特尔公司，每个员工的胸卡上都写有公司的六项价值观。在公司价值观的引导下，不同类型的"技术偏执狂"们，被"英特尔化"了，成了"英特尔人"。

事实证明，"价值导引法"是抓落实，打造团结协作团队的有效方法。

第三，善于跟团队成员进行有效沟通。《圣经·旧约》上说，人类的祖先最初讲的是同一种语言。他们在底格里斯河和幼发拉底河之间，发现了一块异常肥沃的土地，于是，他们就在那里定居下来。他们修起城池，建造起了繁华的巴比伦城。

后来，他们的日子越过越好，并为自己的业绩感到骄傲。一高兴，他们就决定在巴比伦修建一座通天的高塔，来传颂自己的赫赫威名，并作为集合全天下弟兄的标记，以免分散。

因为他们语言相通，同心协力，阶梯式的通天塔修建得非常顺利，很快就高耸入云。

上帝耶和华知道这件事情之后，立即从天国下凡视察。上帝一看，又惊又怒，因为上帝是不允许凡人达到自己的高度的。

上帝看到他们这样统一强大，心想，他们讲同样的语言，就能建起这样的巨塔，日后还有什么办不成的事情呢？

于是，上帝决定让人世间的语言发生混乱，使人们互相言语不通。

从此，人们各自说着不同的语言。因为语言不同，感情便无法交流，思想也很难统一。于是，就难免出现互相猜疑，各执己见，争吵斗殴。这就是人类之间误解的开始。结果，修造工程因语言纷争而停止，人类的力量消失了，通天塔终于半途而废。

这个故事说明了沟通、思想统一的重要。陈云同志讲："只有通气，才能团结。"打造团结协作的团队，需要"通气"沟通。

第十章

正向激励，调动团队的潜能

★ 第十章 正向激励，调动团队的潜能 ★

2018年5月，中共中央办公厅印发了《关于进一步激励广大干部新时代新担当新作为的意见》。在此基础上，习近平总书记在2018年7月初召开的全国组织工作会议上强调，把建立"正向激励体系"作为建设高素质干部队伍的五个体系之一。

激励，就是激发鼓励。秋瑾当年有言："水激石则鸣，人激志则宏。"而所谓正向激励，就是对团队成员符合社会需要或组织目标的行为予以奖励，以使其保持这种行为。换言之，就是肯定团队成员的行为价值，激发团队成员的内在潜力和正确动机，调动起他们的积极性、主动性和创造性，让团队成员迸发出工作热情、创造优异的工作业绩。

领导干部抓落实，必须善于运用"正向激励"的方式方法来调动团队成员的工作积极性、主动性和创造性。

一、强调正向激励的意义

领导干部在抓落实的过程中，运用正向激励，能有效地激发团队成员的工作热情，发掘团队成员的工作潜能。

第一，正向激励的必要性。正向激励的必要性，可以从客观和主观两个方面来予以认识和探讨。

从客观上看，正向激励之所以必要，是因为我们正处在一个急剧变革的时代。时代变革的内容是多种多样的，但最重要的变化就是团队成员的素质发生了重大的变化。现在，团队成员的文化水平越来越高，自尊心越来越强，民主精神越来越浓。已经不再是过去那种领导说什么，他们就信什么的年月，因此，传统的命令式的领导方式已经不能适应变革时代的领导需要，领导干部要调动团队成员的积极性和创造性，必须运用正向激励的方式。

从主观上讲，正向激励之所以必要，是因为在团队中，领导干部与团队成员由于角色地位的差异，观察问题角度的差异，价值观的差异，不可能对团队目标、对团队的价值观有着完全统一的认知，而且团队成员的个人目标与团队目标也不可能完全趋同。这种差异是不可能通过外部力量来解决的，而正向激励，则能有效地将团队成员的行为引导到领导所期望的轨道上来，从而使团队成员认同团队的目标和价值观，使团队成员的个人目标与团队目标相容、一致。

第二，正向激励的重要性。在现代领导活动中，正向激励不仅必要，而且非常重要。具体说来，其重要性主要表现在以下几个方面：

一是正向激励能有效地增强团队成员接受和执行团队目标的自觉性。人的行为是由需要和动机决定的，而行为总是指向某种目标。一般情况下，当团队成员的个人目标与团队目标一致时，团队成员就能充分地发挥其积极性、主动性和创造性，工作效率也会大大地提高。

二是正向激励是将团队成员的个人目标和团队目标统一起来的有效途径与方法。领导干部通过正向激励能使团队成员认识到自身的价值，能使团队成员意识到团队目标与个人利益的密切关系，从而增强团队成员接受并执行团队目标的自觉性。

三是正向激励能有效地调动团队成员实现团队目标的积极性和创造性。调动团队成员的积极性和创造性，为实现团队目标而努力，是正向激励的出发点和落脚点。正向激励能使团队成员的潜能得到最大限度的调动和发挥，能充分激发团队成员实现团队目标的热情，从而有效地调动起团队成员实现团队目标的积极性和创造性。

四是正向激励能有效地构建良好的团队环境与和谐的工作氛围。团队环境和工作氛围如何，直接影响着团队成员的思想情感。一般说来，人的情感可以分为积极肯定性情感和消极否定性情感。前者愉悦、自信、安宁，而且总是和满意的态度相联系；后者痛苦、自卑、忧伤，而且总是和不满意的态度相联系。由二者的表现形式可以看出，积极肯定性情感，能对人的行为起有效的促进作用，而消极否定性情感，则会对人的行为起妨碍阻止作用。因此，领导干部若想使团队成员具有积极、向上的力量，就必须调动起团队成员的积极肯定情感。良好的团队环境与和谐的工作氛围有利于团队成员形成积极肯定性情感。而良好的团队环境与和谐的工作氛围是可以通过正向激励的方法来建构的。领导干部通过正向激励,能使团队成员之间的隔阂消除,利益协调,从而心往一处想,劲往一处使。

第三,正向激励的紧迫性。正向激励不仅必要、重要,而且还具有紧迫性。

一是强调正向激励是建设高素质专业化干部队伍的迫切需要。十九大报告强调,要"建设高素质专业化干部队伍","选优配强各级领导班子",要"建设"、要"选优配强",需要职业吸引,需要队伍凝聚。

社会转型带来了社会利益格局的大调整;互联网时代带来了价值取向的多元化,干部队伍的思想观念也因之而发生了深刻的变化,并且随着权力的公开透明,福利的减缩取消,纪律的严格规范,使得有的干部感到"政治上没奔头,经济上没甜头",从而对仕途兴趣消减,这不利于干部队伍的建设,需要用有效的手段来凝聚社会精英,正向激励就是一种重要的手段。

二是强调正向激励是切实解决干部队伍突出问题的内在要求。党的十八大以来,随着全面从严治党的深入推进,干部队伍的腐败问题得到有效的遏制,清正廉洁之风得到进一步的弘扬,但由于体制机制的不健全不完善,加之严格的纪律约束,一些干部产生了"宁可少干事,千万别出事"等消极情绪,庸政懒政怠政的问题也随之而发生,由以往的"门难进,人难找,脸难看,事难办"变为现今的"门好进,脸好看,话好听,事不办"。这严重地影响着干群关系,影响着党和人民事业的发展,强调正向激励就是化解这种消极情绪的内在要求。

三是强调正向激励是推动党和国家事业发展的题中应有之义。政治路线确定之后,干部就是决定的因素。实践证明,广大干部群众积极性、主动性、创造性的发挥是推动党和国家事业发展的强大动力。

当前,我国社会进入到社会转型期,全面深化改革和小康社会建设进入到攻坚阶段,统筹推进"五位一体"总体布局,协调推进"四个全面"战略布局,深入贯彻"五大发展理念",迫切需要勇于担当、积极作为的干部队伍,而正向激励则是建设这种队伍的一种重要的方法。

二、正向激励的工作过程

正向激励是一个复杂而且具有连锁反应的工作过程:被激励者首先感觉到自身有需要,由此产生"要求",然后形成"动机",即未满足的欲望,于是引起行动以达到"目标",最后是"要求"得到了"满足",而"满足"有助于"强化"下一步的工作。

换句话说,正向激励,实际上就是满足需要,激发动机、行为鼓励、目标引导的工作过程。这也是正向激励的要旨。

第一,满足需要。需要,是正向激励的逻辑起点。心理学和行为学研究证明,人的行为都是有目的的,而这种有目的的行为,都是出于对某种需要的追求。这就是说,需要,是驱使人们从事各项活动的源动力。

人的需要是多方面的。但从性质上来说，主要包括两方面的内容：一是物质需要，如衣服、食品、住房、交通工具等；二是精神需要，如文化知识、道德理想、尊重信任、荣誉地位等。

正向激励，就应该从满足被激励者的这些需要入手。比如，授予团队成员先进工作者、劳动模范等荣誉称号，便标志着团队成员某方面追求的成功和自我价值的增值，这无疑满足了团队成员精神上的需要，从而会增强他的奋发感。相反，如果团队成员在被信任、被承认、荣誉等方面的需要应该得到满足时而得不到满足，他的积极性可能就要消退。

满足需要，虽然是正向激励实现的基础。但是，由于主客观条件的制约，领导干部不可能对被激励者的所有需要都能予以充分地满足。领导干部只能有选择地部分满足被激励者的需要。一般说来，领导干部应该设法满足被激励者的优势需要、合理需要与内在需要。

优势需要，是被激励者在某一时间内最强烈、最紧迫、最主要的需要。领导干部要善于发现被激励者的优势需要，并在条件允许的情况下予以及时地满足。

合理需要，具有多种内涵：一是这种需要与组织的需要相一致；二是这种需要与社会需要相一致；三是这种需要合乎社会规范且能被满足；四是这种需要被满足之后能起到好的作用。领导干部要善于区分团队成员的需要是否合理，对合理的需要，要尽量予以充分地满足。

内在需要，是人的心理上和精神上的深层次需要，也是被激励者的高级需要。它远比生理需要和物质需要更难识别，更难满足。但这种需要一旦被满足，其激励效果会大大好于生理需要和物质需要的满足。因此，领导干部要善于辨识被激励者的内在需要，并有针对性地予以满足。

第二，激发动机。动机是个心理学概念。它是引发并维持人的行为以达到一定目的的内在动因。人的内在需要是动机产生的基础。需要被人所意识到之后，就会产生动机，产生了动机就能激发人的行为。动机是推动人行为的源动力。既然动机是推动人行为的源动力，那么，正向激励的直接目的就是激发团队成员的动机。

领导干部应该选择适宜的方法，激发团队成员积极向上、有益于团队目标实现的动机。这种动机能产生对组织有利的行为，从而使团队目标有效地实现。

要强调的是，动机属意图、愿望、想法等观念形态，隐藏在行为的背后，无法直接观察和判断，只能间接推断。因此领导干部要想激发被激励者的动机，首先必须了解被激励者的真正动机，这样才能有的放矢地进行激发。

第三，行为鼓励。行为是人的外显活动。人的内在需要和动机是行为的基础，是行为的内驱力。相对于满足需要和激发动机来说，鼓励行为更容易些。因为行为是外显的，观察、把握起来比较方便。

领导干部在正向激励活动中，必须注意鼓励正确行为，并予以强化；必须注意抑制错误行为，并予以引导；必须注意以身作则，树立行为的榜样。不仅如此，还要建立行为规范，并能将这种规范内化到团队成员的行为中去。

第四，目标引导。目标，是指行为所要达到的预期结果，是满足需要的对象。人的行为不是盲目的，它不仅有起因，而且有目标。目标对人的行为有导向作用，是行为的追求物。

领导干部要有效地激励被激励者，一定要注意用适宜的奋斗目标来对被激励者的行为予以引导。在目标引导时，要注意三个结合：一是将团队成员的个人奋斗目标与团队的目标相结合；二是将领导设置的目标与团队成员已有的目标相结合；三是将短期目标与长远目标相结合。

综上所述，我认为，在正向激励的过程中，需要、动机、行为和目标是密切相连、环环相扣的。需要引发动机，动机转变为行为，行为指向目标。因此，领导干部运用正向激励的方式方法，一定要注意将这"四者"紧密地结合起来，理清它们之间的联系，综合上述四种操作，内外互补，来求得最佳的正向激励效果。

三、正向激励的原则要求

正向激励能充分调动团队成员的积极性、主动性和创造性，

但取得这一效果的前提,是在实施正向激励时,必须遵循一定的原则。正向激励的基本原则主要体现在以下几个方面:

第一,需要针对性原则。有句外国谚语说得好:"盲人不会因为你送镜子而感谢你。"正向激励手段的运用,也要针对激励对象的不同心理需要。不同的职业,不同的年龄,不同的文化程度,不同的兴趣爱好,不同的性格,不同的经历,有着不同的心理需要。如果不能"对号入座",就达不到正向激励的目的。所以,领导干部在使用正向激励手段时,一定要认真分析被激励对象的心理需要,以求"对症下药"。

第二,"精神物质相结合"原则。领导干部运用正向激励的手段来激励团队成员时,还必须坚持"精神物质相结合"的原则。

人们对某种需要的追求,使正向激励得以有用武之地。而人的需要,并不单单是物欲和情欲,它是物质需要和精神需要的统一。这种统一,要求领导干部在激励团队成员时,不能偏颇。要"两手都要抓,两手都要硬"。只有精神鞭策,而没有物质鼓励,不可能充分调动下属的积极性,反之亦然。因此,应遵循物质鼓励与精神鞭策相结合的原则,使正向激励发挥最佳效用。这就是说,既不搞"精神万能",也不搞"奖金万能",而是让二者紧密结合,互为补充。

第三,及时有效原则。正向激励重在及时有效。及时,就是能适时满足下属的心理需要。生理学家认为,人的中枢神经有两个活动过程:一是抑制过程,二是兴奋过程。激励时机的选择和方法的运用，跟中枢神经的这两个活动过程有关。

当人们的精神处于抑制状态时，要激发他们的情绪，让他们变得振作起来；当人们的情绪已处于兴奋状态时，则要激励他们再接再厉，使他们始终保持旺盛的奋斗劲头。有效，就是正向激励要讲究实效。

第四，公平公正原则。作为团队成员，只要他为祖国、为人民做出了突出的贡献，都应该受到表彰激励；只要他做了损害祖国、人民利益的事情，都应该受到惩罚。这就是说，在正向激励面前，人人机会均等，其条件和标准适用于每一个人。因而，任何领导干部都不能以个人的亲疏、好恶作标准，对亲者赞扬，对疏者贬损，而必须执行公平公正的原则，这样才能激励调动起所有团队成员的积极性、主动性和创造性。

四、正向激励的有效方法

有效的正向激励方法能充分地调动团队成员的积极性、主动性和创造性。实践证明，下面的正向激励方法都是非常有效的：

第一，物质激励。物质激励是正向激励的一种重要的方法。这种方法就是通过晋升工资，颁发奖金，分配住房，以及其他的各种福利待遇，来调动团队成员的积极性、主动性和创造性。运用物质激励应该注意以下两点要求：

一是避免金钱至上。物质激励能有效地调动团队成员的工作积极性。但运用这种激励方法，一定要与精神激励相结合，以免使团队成员掉进金钱至上的陷阱。团队成员一旦掉进金钱至上的陷阱，物质激励的方法就会失去效用。

二是物质激励必须与工作成绩紧密地结合在一起。一般说来，在实施物质激励时，只有当预期的报酬与个人现在的报酬相比差距较大时，物质激励才能成为动力。因此，实施物质激励必须与工作业绩紧密地联系在一起。这样，物质激励才能成为强有力的激励因素。

第二，目标激励。目标激励，是指用确定的、具有社会意义的、符合人们切身利益的、科学可行的目标，也就是通过奋斗能够获得的成就或结果，来激发团队成员的行为动机，使他们产生旺盛的奋斗精神。

人们的行动都是有着一定目的的，这种目的性，为目标激励方法提供了可能性。

心理学家的实验研究表明，目的性行为的效率明显高于非目的性的行为。因为当人们明确了可能达到的目标，就会为达到目标而努力。比如，一个万米赛跑运动员，当人们告诉他还剩一千米，再加把劲，就可夺得金牌时，即使他身体某部位疼痛，他也会咬牙加快速度完成最后的冲刺。

运用目标激励，关键看如何设置目标。一般说来，目标的设置，应该注意以下几点要求：

一是目标的设置要高低适宜。心理学家曾经把目标激励比作

领导干部怎样抓落实

摘桃子。桃子吊在空中，怎样才能调动人的最大积极性呢？坐在地上举手可得，不行。因为目标太低，缺乏"挑战性"。跳起来摘不到，也不行。因为目标太高，会挫伤人的积极性。只有奋力跳跃方能摘到的高度，才是最合适的。这一点，可用八个字来概括："伸手不及，跃而可获"。高低适宜的目标能最大限度地调动人的积极性。

二是目标的设置要总分结合。设置总目标，可使团队成员感到工作有方向，有奔头。但因为总目标的实现常常是一个长期的、复杂的甚至是曲折的过程，所以，在运用目标激励这一方法时，仅设置总目标是不够的。它容易让人感到遥远和渺茫，可望而不可即，从而影响人的积极性的充分创造发挥。因此，目标的设置要总分结合。也就是说，领导干部在设置总目标的同时，设置若干适当的阶段性目标。团队成员通过逐个实现这些阶段性目标来使总目标得以实现。这一点，可用六个字来概括："大目标，小步子"。总分结合的目标能持续地调动团队成员的积极性。

三是目标的设置要实在具体。目标有大有小，有远有近，但不论何种目标，都不能是虚幻的，而必须实在具体。只有实在的目标，才能使团队成员相信；只有具体的目标，才能对团队成员有吸引力。

一个实在、具体的追求目标，是一个人成长的重要"参照物"。当他有意识地明确自己的奋斗目标，并不断地把自己的行动与目标相对照，在对照中发现自己实现目标的距离正在缩小时，他就会激发出更大的积极性，从而一鼓作气地来实现其目标。

第三，许诺激励。许诺激励，就是领导干部通过许诺某件事，如职务的晋升，职称的评定，房子的获得，工资待遇的提高以及荣誉，记功等等，来调动被激励者的积极性。运用许诺激励，应该注意以下几点要求：

一是许诺要适度。适度，是许诺激励的关键。许诺过高，就会"失信于民"。假如一位领导说，小伙子，好好干，干好了能当总理。这是不能调动积极性的，因为目标无限大，而实现的可能性等于零，所以调动不了积极性。许诺过低，则形不成激励因素，许诺形同虚设。比如，一位领导说，大家好好干，干完之后免费供应空气。这也不能调动积极性，因为目标价值等于零。所以，领导干部在许诺时，一定要掌握好许诺的度。就是要给他确定一个比较切近可行的目标。

二是许诺要适宜。这里所说的适宜，是说许诺要符合不同人的需要。比如，对于一位没有权力欲望的人，领导干部用授予权力的许诺是很难激励他的。

三是许诺要兑现。团队成员对领导的许诺总是非常认真的。领导干部如果许诺了，一定要兑现，否则，不仅起不到激励团队成员的作用，还会使领导干部丧失威望。

第四，榜样激励。榜样激励，包括两方面的含义：一是指通过树立先进典型来激励团队成员；二是领导干部本身要做出榜样。

通过树立先进典型来激励团队成员，必须坚持实事求是的原则，不能为了政治需要而随意拔高，将平凡的人塑造成是金的神。那种人为树立的榜样是无法起到激励作用的。

通过树立先进典型，能有效地激励团队成员，而领导干部本身做出榜样，其激励的效果更好。

古人云："其身正，不令而行；其身不正，虽令不从。"这话的意思是说：做领导的，要是本身行为端正，即使不发布命令，下面的人也会去干；如果自身的行为不正派，即使发出了命令，人家也不会听你的。

事实的确如此，领导干部如果作风正派，廉洁奉公，言行一致，秉公办事，严于律己，那么，他一定会博得团队成员的尊敬和信服，他下达的计划、指示，团队成员会以高昂的热情去努力工作。否则，就会失去号召力，团队成员的工作热情也就可想而知。难怪人们说："喊破嗓子，不如干出样子。"若是自己每日颓丧，又怎能激励起团队成员的工作热情？因此，领导干部应该运用榜样的力量，来激励调动团队成员的工作积极性。要求别人做到的事，自己首先要做到；要求别人不做的事，自己首先不去做。

第十一章

以身作则，率先垂范是正途

★ 第十一章 以身作则，率先垂范是正途 ★

领导干部抓落实的路径与方法是多种多样的，但有一个重要的路径与方法不容忽视。这就是领导干部要率先垂范。富兰克林说："一个良好的示范，才是最佳的训词。"

一、领导带头，以上率下

领导带头，是我党开展各项工作的一条基本经验，也是抓落实的一项重要工作方法。

有人说，中国共产党和国民党的将领有一个重要的区别就是：共产党的领导常说"跟我来"，而国民党的官员则常说"给我冲！"这也正是国民党失败的一个重要原因。

共产党人能够身先士卒，以身作则，而国民党人则是让士兵在前，自己明哲保身，岂有不败之理？

历史的经验值得记忆。领导干部抓落实，一定要牢记"领导带头"这条基本经验。如果忘记了，是会付出代价的。例如：

国内有一家制药厂，准备引进外资，扩大生产规模。为此，他们邀请德国拜尔公司派代表来药厂进行考察。

在会客室，药厂的厂长同拜尔公司的代表初步达成了合作的意向。但在参观考察了制药车间之后，拜尔公司的代表却提出中止正在进行的谈判。

原来,这家药厂的厂长在陪同拜尔公司的代表考察制药车间时,随地吐了一口痰。这个场景被拜尔公司的代表看到了。他认为,制药车间对卫生有严格的要求,作为一厂之主的厂长尚且随意不遵守规定要求,其他的员工可想而知。与这样的制药厂合作,是无法保证产品质量的。于是,他果断地停止了与这家药厂的合作谈判。

这个故事能引起我们许多思考。其中一个重要的思考就是:抓落实,领导干部必须身体力行去带头落实。苏联著名教育理论家苏霍姆林斯基说:"当学生发现你的教育是在教育他的时候,你的教育是苍白的。"

第一,想要群众理解的,领导干部首先要理解。落实,离不开对上级方针、路线和政策的理解,离不开对上级战略决策和战略目标的把握。只有理解了上级的方针、路线和政策,把握了上级的战略决策和战略目标,才能使落实不偏离航向,沿着正确的轨道前进。

因此,领导干部要带头认真学习上级的方针、路线和政策,深入了解上级的战略决策,正确把握上级的战略目标。

第二,想让群众做到的,领导干部首先要做到。领导心理学研究证明,群众接受领导者的示范或暗示。领导干部如果要想使本组织的工作和任务落实到位,就必须以身作则。其身正,不令而行,其身不正,虽令不从。

第十一章 以身作则，率先垂范是正途

以身作则，能使团队成员的行为方式朝着领导目标的方向转变并发展，能增强团队成员的凝聚力，从而激发出他们落实的力量。

近些年来，我一直在琢磨一个问题：中国工农红军，为什么能冲破国民党几十万大军的围追堵截，忍受着饥渴寒冷的煎熬，翻越地球上最罕见的险峻峰峦，穿越地球上最难行的沼泽沟壑，用足迹踏出人类不曾有过的奇迹？

思来想去，我认为，有一个非常重要的原因，就是红军指挥员的身先士卒。记得看过这样一个故事：

将军和长征队伍一起在云中山迎着飞雪艰难地向前迈进。忽然有人向将军报告："前面发现一个冻死的人。"

这是一个已经冻僵了的老战士。他穿着像树叶一样单薄、破旧的衣服，一动不动地倚靠着一棵光秃秃的树干坐着。

将军见此情形，怒不可遏，像一头发怒的豹子吼叫道："警卫员，叫军需处长跑步上来。"

谁知，有人对将军小声地说了一声："这就是军需处长，他把所有能御寒的东西都发给别人了。"

将军正要发火的手势突然停住了。他怔怔地伫立了足有一分钟。雪花无声地落在他的脸上，融化成了闪烁的泪珠。

这是一个非常震撼人心的故事。红军指挥员身先士卒的形象跃然纸上。有这样身先士卒的指挥员，中国工农红军还有什么沼泽沟壑不能穿？还有什么险峻峰峦不能翻越？

在联想集团,则一直流传着这样一个故事:联想有一条规则,开二十人以上的会议,如果迟到,要罚站一分钟。

这一规则刚刚制定下来,柳传志原来的老领导就迟到了。不用说,罚站一分钟。

罚站时,老领导紧张得一身汗,柳传志本人也一身汗。柳传志跟他的老领导说:您先在这儿站一分钟,今天晚上我到您家里给您站一分钟。柳传志本人也被罚过三次。

联想为什么能由一个20万元的小企业,发展成为拥有上百亿资产的大企业,成为中国电子行业的龙头老大,无疑是跟领导干部以身作则分不开的。

所以,想让群众做到的事情,领导干部自己要先做到。领导干部做到了,群众不会不做。大家同心同德,没有克服不了的困难,没有过不了的火焰山,没有落实不了的工作任务。

第三,要求群众不做的,领导干部首先要不做。律人先律己。要求群众不做的事情,领导干部要带头遵守禁令。否则,不许百姓点灯,自己却在放火,怎么能服众?

二、以上率下,重在行动

领导干部抓落实要带头落实,给团队成员树立榜样。而带头落实不是一个空洞的口号,它需要领导干部扎扎实实地去行动。古人云:"志行,为也。"理想付诸行动,才是有所作为。

第十一章 以身作则，率先垂范是正途

有人曾经问一位成功的企业家："您成功的秘诀是什么？"这位企业家回答："我的成功有三点：第一是行动；第二还是行动；第三仍然是行动。"领导干部在抓落实的过程中怎么行动？

第一，关键时刻，站得出来。关键时刻，站得出来，是指领导干部在落实繁重的工作任务面前，能迎着繁重的工作任务上，在党和人民需要的时候能勇挑重担，为团队成员树立榜样。海军总医院护理部总护士长、"南丁格尔"奖章获得者王文珍同志就是这样的党员领导干部。

1986年，医院成立急诊科。人们都知道，急诊科护理任务繁重而且危险性高，但王文珍义无反顾地来到了急诊科，而且一干就是22年。

急诊科曾经收治过一位身患艾滋病的20多岁的小伙子。当这个小伙子知道自己得了艾滋病之后，他非常绝望，最后选择跳楼自杀。当人们把他送到医院时，他已经是生命垂危了，呼吸道存有大量的分泌物。

王文珍在为这位艾滋病患者吸痰时，被患者的呕吐物喷了一脸。但抢救必须争分夺秒，她来不及抹去脸上的呕吐物，继续为病人吸痰。经过紧急处置，病人终于恢复了意识。

当时，一些医护人员对这位有艾滋病史的患者心存恐惧，王文珍就主动承担其护理工作。

在急诊观察室的20多天里，她像对待自己的亲弟弟一样，为病人洗头洗脸、剪指甲、刮胡子，及时帮他换洗衣服，逢休息

时还陪他聊天。

病人因跳楼截瘫后,排便功能出现障碍。为减轻他的痛苦,王文珍就戴上手套为他掏大便。

病人出院时泣不成声地对王文珍说:"自从我得了艾滋病,连许多亲友都有意疏远我,而您却一直照顾我,我真想叫您一声姐姐!"

面对有可能被感染的关键时刻,王文珍同志没有躲避,没有退缩,而是勇敢地冲在前面,勇担重任,这是共产党员先进性的体现。

第二,生死关头,豁得出来。生死关头,豁得出来,是指为了保护国家和人民的利益,在危险面前毫不畏惧,敢于挺身而出,英勇斗争,不怕牺牲。

人的生命只有一次,但具有担当胆略气魄的领导干部在生死关头能置自己的生命于不顾,保护国家和人民的利益。在2003年抗击"非典"这场没有硝烟的战斗中,海军总医院是北京地区最早收治非典患者的医疗单位之一,急诊科作为主战场,王文珍第一个请战:"不管这种病有多大的传染性,只要病人来了,我先上!"

一天,医院收治了一位重症非典女患者。这位患者被隔离之后情绪十分低落,不配合治疗,甚至有轻生的念头。

王文珍主动去耐心说服病人。不管病人怎样发脾气,她都不离不弃,每天给病人喂水、喂饭、倒大小便,和她拉家常,鼓励

第十一章 以身作则，率先垂范是正途

她增强战胜病魔的决心。

2008年5月12日，汶川特大地震发生之后，王文珍同志主动请缨参加医疗队。

在绵阳市中心医院的1000多名伤员中，有许多危重病人急需手术。没有担架，王文珍和她的战友们硬是用沉重的门板，将19名危重病人抬到6层手术室抢救。

手术进行到一半时，突发6级余震，王文珍和在场的医生护士全部弯下腰用身体保护伤员直到余震停止。[1]

王文珍同志用她的言行生动地诠释了党员领导干部生死关头，豁得出来的胆略和气魄。

第三，利益面前，超脱出来。所谓利益面前，超脱出来，是说党员领导干部面对利益，能不为其所困扰。

人是趋利避害的，但一个合格的党员领导干部在利益面前，是能够超脱其外，不追名逐利的。焦裕禄同志就是一位能在利益面前超脱出来的党员领导干部。

1963年春节前夕，国家拨给兰考县委机关一笔生活补助费，来帮助生活困难者渡过生活难关。办公室在研究补助人员的名单时，考虑到焦裕禄同志家人口多，他又长期生病，便提出给他一些补助。

---

[1]《中国南丁格尔：没有硝烟的战场上的"提灯女神"》，中国文明网，2011年9月22日。

焦裕禄知道后,坚决拒绝。他恳切地对办公室的同志说:"我的困难,由我自己想办法解决,不用国家救济。一定不要再讨论我的问题。"

在第二次发放生活补助费时,县委机关党支部认为焦裕禄的经济确实拮据,便事先没有跟他打招呼,就确定给他一些救济款,并将受补助人员的名单张贴在食堂门口。

焦裕禄从乡下检查工作回来,到食堂吃饭,见到了这份名单,非常诧异。他立即询问负责这项工作的同志:"这次评救济款是啥标准,是咋研究的?"

"家在灾区,生活困难,本人提出申请……"

焦裕禄听到这儿,用手制止了他的解释,说:"我家既不在灾区,我本人又没有提出申请,为什么还有我呀?"

他随即要来享受补助人员的名单,把自己的名字划掉了。当他看到宣传部一位同志的补助款额时,说道:"像他家,人口多,确实困难,应该多补助一些。应该把救济款用在真正有困难的同志身上。"

根据焦裕禄的建议,当天下午,机关党支部召开了党员干部大会,就如何正确认识和对待国家补助问题进行了讨论。会上,焦裕禄同志诚恳地对大家说:"国家发生活补助费,是为了帮助生活有困难的同志安排好生活,使他们能够安心工作,不是发附加工资。因此,发生活补助费应该集中发给那些生活确实有困难的同志,帮助他们真正解决问题。不能撒胡椒面,搞平均分配。"

接着,他又语重心长地说:"我们每个同志不管是否享受到补助,都必须牢固地树立艰苦朴素的作风。我们要时刻想到兰考还是个灾县、穷县,群众的生活还非常困难。困难当头,我们党员干部要和群众同甘共苦。否则,我们就不能带领全县人民战胜自然灾害,就不能改变兰考的贫穷落后面貌。我们只要饿不着,有衣服穿,就不要再多花国家一分钱。这样就能把救济款省下来,有困难的群众就能得到更好得安排。"

焦裕禄同志的话,深深地教育了在场的党员干部,他们纷纷表示,坚决不要国家的救济款,把救济款用在扶持群众生产上。

焦裕禄有六个孩子,还有老母亲。他与妻子的工资都很微薄,经济很拮据。就他家庭的实际情况看,完全应该得到救济。但面对救济的利益,焦裕禄首先想到的不是自己的家,而想到的是群众和其他干部的困难。这种在利益面前能超脱出来的品质,是党员先进性的重要表现,很值得每一位共产党员和党员领导干部学习。

三、喊破嗓子,干出样子

俗话讲:"喊破嗓子,不如干出样子"。事实上,作为新时代的领导干部,是既要喊破嗓子,也要干出样子。

习近平总书记讲:"人民群众是最实在的,他们不但要听你说得如何,更要看你做得如何。不光要听'唱功',而且要看'做功'。"[1]

喊破嗓子,就是要大力向人民群众宣传党的路线方针政策;干出样子,就是要通过自己的实际行动来带头落实党的路线方针政策,起到示范作用。

第一,大力宣传党的路线方针政策。宣传党的路线方针政策,是领导干部义不容辞的责任。领导干部抓落实,必须大力宣传党的路线方针政策,帮助团队成员理解、领会,这样,团队成员在落实的过程中,才能不走样、不偏向。否则,理解错误,或断章取义,就会南辕北辙。

清朝雍正年间曾经发生过这样一件事:有位名叫童华的人,从浙江调到苏州为知府。当时,皇帝下诏书,要清查自康熙五十一年(1712年)以来江苏地区拖欠的一千二百余万的税款问题。

江苏巡抚接到圣旨,认为应该严加追缴。于是,就要求欠税的人几天内要交清,否则,就予以逮捕。结果抓了一千多人。

童华请求宽限。巡抚大怒。斥责他说:"你敢违抗圣旨吗?"童华说:"我不是违抗圣旨,而是落实圣旨。皇上知道有多年的欠税问题,他没有下令严追,而是下令清查。下令清查,就是想弄清来历,查明原因。是在官,还是在民;是应征,还是应免。

---

[1]《习近平在福州工作期间倡导践行"马上就办"纪实》,中国网,2015年3月11日。

搞清楚之后，奏请圣上裁决，这是圣旨的本意。现在如果不弄清圣上的本意，就要求将15年的积欠马上解决，这是横征暴敛，不是清查。现在请您宽限三个月，将情况搞清楚，上奏圣上。"（原文："华非逆旨，乃遵旨也。皇上知有积欠，不命严追，而命清查，正欲晰其来历，查其委曲，或在官，或在民，或应征，或应免，了然分晓，奏请圣裁，诏书意也。今奉行者绝不顾名思义，徒以十五年积欠力求完纳，是暴征，非清查也。今请宽三月限，当部居别白，分牒以报。"《清史列传·童华传》）巡抚答应了他的请求，释放了一千多人。并将江苏欠税的情况登记造册上奏朝廷。

当时，朝廷也听说江苏巡抚严查的事。皇上很生气，下令要严加处理。圣旨的本意果然如童华所言。

我们看，在如何落实圣旨的问题上，巡抚与知府之所以出现严重的分歧，其原因就在于对皇上旨意理解的不同。

巡抚认为"清查"，就是要严加追究；知府认为"清查"，是弄清来历，查明原因。

按照巡抚的理解，就会造成横征暴敛、民怨沸腾、政局不稳的严重后果。幸亏童华说服了巡抚，让他纠正了落实执行中的错误行为。

第二，具体问题具体分析。具体问题具体分析是马克思主义活的灵魂。抓落实，必须学会具体问题具体分析，原则性与灵活性相结合。

事实上，中央的每一项政策，都是面向全国960万平方公里、

13亿多人口的,不可能是解决每一个地方的具体措施。因此,抓落实,干出样子,一定要把中央的精神和本地区、本单位、本部门的实际紧密结合起来,创造性地开展工作。

第十二章

建章立制，科学制度不可缺

第十二章　建章立制，科学制度不可缺

有一个登山队，在西藏登山。为了保护环境，他们雇请当地的群众，帮助他们将垃圾背下山。

最初，这些群众在取垃圾袋时，登山队就把工钱付给了他们。结果，登山队发现，有的群众没有环境保护意识。他们把垃圾袋背到半山腰，就丢弃不管了。

后来，登山队改变了规定。到山下，清点了垃圾袋才付钱。结果，在山腰再也没有发现丢弃的垃圾袋了。

由此可见，抓落实，不能光靠自觉性，必须有一套科学的制度来作为保障。

一、科学制度是抓落实的保障

有一则"分粥"的小故事，常被人们所提及。故事是这样的：

有7个人组成了一个小团体共同生活，每天共喝一桶粥。因为人多粥少，每当吃饭时，大家蜂拥而上，粥桶经常被挤翻。

为了解决这个问题，他们采用了许多办法来分配这一桶粥。

方法一：抓阄决定哪一个人负责分粥。结果，这个人总为自己多分。换了一个人，也是如此。

方法二：每人轮流一天分粥。结果，每个人一周中只有一天

吃得饱，其余 6 天都得挨饿。

方法三：大家选举一个信得过的人主持分粥。开始这位品德尚属上乘的人还能基本公平，但不久他就开始为自己和溜须拍马的人多分。

方法四：选举一个分粥委员会和一个监督委员会，形成监督和制约。这个办法使得公平基本上做到了，可是由于监督委员会常提出各种议案，分粥委员会又据理力争，等分粥完毕时，粥早就凉了。

方法五：每个人轮流值日分粥，但是分粥的那个人要最后一个领粥。

令人惊奇的是，在这个制度下，7 只碗里的粥每次都一样多，就像使用科学仪器量过一样。因为每个主持分粥的人都知道，如果 7 只碗里的粥分配得不均衡，他确定无疑将享有那份最少的。

这个故事说明：制度至关重要。制度，是一个组织或团体中，要求成员共同遵守的办事规程或行动准则。

第一，制度是落实各项工作任务的基本保证。管理学家还作过这样一个假设：假如一架飞机不幸失事，飞机上载着 A 公司和 B 公司的老板，两位老板都不幸遇难。

事后，A 公司一片混乱，呈现出群龙无首的状态；而 B 公司则秩序井然，没有受到大的影响。

那么，造成这种差异的一个重要的原因，就是 B 公司一定已经具备了一套完备而系统的管理制度。

第十二章 建章立制，科学制度不可缺

如果没有完善的制度，就往往容易陷入"人走政息"的怪圈。因此，必须依靠建立制度和长效机制来解决落实的问题，让团队成员明白并行使自己的权利，发现自愿合作与交换的更好渠道和方式，这样，才能有效地避免"人走政息"。

第二，制度是实现工作目标的最经济的方式。在17世纪至18世纪时，英国运送犯人到澳大利亚，规定按上船时犯人的数量给付私营船主费用。因此，私营船主们为了牟取暴利，便不顾犯人的死活，将犯人像沙丁鱼一样塞满船舱。由于犯人人数的过多，使得船舱内的环境极为恶劣，许多犯人在中途便命丧黄泉。更为恶劣的是，有的私营船主们有时刚一出海，就将犯人活活扔进海里。

针对这种现状，英国政府制定了一个新的政策。他们规定按照到达澳大利亚活着的犯人数量来支付费用。这样一来，私营船主绞尽脑汁、千方百计地让尽可能多的犯人活着到达目的地。

结果，后期运往澳大利亚的犯人的死亡率大幅降低，最低时只有1%，而原来最高时，可达94%。

运往澳大利亚犯人的死亡率高低，说明了法规制度是否完善的重要性。规定按上船时犯人的数量给付私营船主费用，死亡率可高达94%，说明法规制度不完善；规定按照到达澳大利亚活着的犯人数量来支付费用，死亡率最低时只有1%，说明法规制度的完善。

显而易见，达到工作目标的最经济的方式，就是要有完善的

规章制度。

第三，制度是保证工作目标实现的有效手段。古人云："不以规矩，无以成方圆。"抓落实，落实主体具有强烈的落实意识是首要的。但只有强烈的落实意识还不够，团队内部还必须具有有效的落实保障制度。任何一项工作任务的落实，都应该有与之配套的监督、检查制度。

有效的落实机制，应该是对完成、落实工作任务好的团队成员予以奖励，而对于那些不完成工作任务或者落实不力的人给予惩处。只有这样，才能保证工作目标的最终实现。

有人说，没有人能让一种产品的合格率达到100%，但是，在第二次世界大战中，美国的军方却做到了。

事情发生在第二次世界大战中期，是发生在美国空军和降落伞制造商之间的一个真实的故事：

当时，降落伞的安全性能不稳定，经常出问题。制造厂家经过技术改造，使降落伞的合格率达到了99.9%。制造商很满意，但美国军方不满意。美国军方要求，合格率必须达到100%。

降落伞制造厂家认为，达到99.9%已经相当优秀了，要达到100%几乎是不可能。没有一种产品的合格率能达到100%，除非出现奇迹。

后来，美国军方将检查产品质量的规则做了修改。他们决定从厂商前一周交货的降落伞中随机挑选出一个，让降落伞生产厂家的负责人亲自装备上，然后试跳。

这一规则实施后，出现了奇迹。降落伞的合格率达到了100%。制度将不可能的事变成了可能。

二、建立健全严格的规章制度

邓小平同志曾经指出："制度好可以使坏人无法任意横行，制度不好可以使好人无法充分做好事，甚至会走向反面。"[1]任何一项工作任务的落实，都必须提供相应的制度保障。

第一，建立健全严格的目标责任制度。有个故事，很有意思：一个孩子得到一条新裤子。试了试，发现长了一点。

他请奶奶把裤子剪短一些。奶奶说："今天的事太多，你去找你妈妈。"孩子去找妈妈，妈妈说："手头有活正忙，等我忙过了再说。"没办法，他只好去找姐姐。没想到，姐姐有约会，马上就要走。

孩子带着失望的心情入睡了。因为他担心第二天没法穿这条裤子。

奶奶忙碌完家务事，想起了孙子的裤子，就把裤子剪短了一些；姐姐回来想起这事，也把裤子剪短了一点；妈妈腾出手后，又把裤子剪短了一点。

---

[1] 邓小平：《党和国家领导制度的改革》，《邓小平文选》第2卷，人民出版社1994年10月第2版。

不用说，这裤子后来就根本没有办法穿了。不言而喻：共同负责等于无人负责。

在现实生活中，我们的许多工作都会出现"要么都不管，要么都来管"的尴尬局面。结果，影响了工作任务的落实。正如习近平同志所指出的："有些地方、部门和单位存在工作推诿扯皮现象，与目标责任不明确、工作任务没细化有很大关系。要科学进行责任分解，把目标任务分解到部门、具体到项目、落实到岗位、量化到个人，以责任制促落实、以责任制保成效，形成一级抓一级、层层抓落实的工作局面。"

抓落实，必须建立健全严格的目标管理责任制。1978年12月23日邓小平同志在中央工作会议上的报告中就指出："现在，各地的企业事业单位中，党和国家的各级机关中，一个很大的问题就是无人负责。名曰集体负责，实际上等于无人负责。一项工作布置之后，落实了没有，无人过问，结果好坏，谁也不管。所以急需建立严格的责任制。"[1]

通过建立健全目标管理责任制，使每一项工作都有着落，每一件任务都能责任到人，使每一项工作都有完成时限和基本要求。

南京明城墙是我国保存比较完整的古城墙，也是世界上现存最大的古代砖城，这与它所用砖块的质量不无关系。据记载，该城墙所用砖块都是由长江中下游附近的150多个府（州）、县烧

---

[1]《邓小平文选》第2卷，人民出版社，1994年10月第2版，第150—151页。

制的。砖的侧面刻着铭文，除时间、府县外。还有4个人的名字，分别是监造官、烧窑匠、制砖人、提调管(运输官)。

砖上刻人名的用意，用现在的话来说，就是职责分明、责任到位。参与人员的名字都刻在砖上，清清楚楚、一目了然，一旦出现问题，谁也赖不掉。无论监造官、提调官，还是烧窑匠、制砖人，哪个环节出了问题，一样要被追究责任。这就使得参与人员丝毫不敢懈怠，都尽职尽责地努力工作。最后交砖时，检验更为严格，由检验官指使两名士兵抱砖相击，如铿锵有声、清脆悦耳而不破碎，属于合格；如相击断裂，责令重新烧制。正因为责任如此明晰，才保证了城砖质量上乘，以至南京明城墙历经600多年的风雨仍巍然屹立。[1]

这种把责任落实到具体人的做法，是很值得我们去学习的。

人天生都有一种惰性心理，如果不明确每个人的责任，把任务与责任联系起来，就会导致无人负责的后果。所以，责任要落实。而且，不仅要落实，还要落实得具体，那种人人负责的情况，其结果也跟没有人负责是一样的。

第二，建立健全严格的督查督办制度。工作有布置，没有督办检查，就容易走过场。因此，必须建立一套狠抓落实的督查督办机制。

督查督办，顾名思义就是监督检查、催促办事。也就是说，

---

[1] 杨宗华：《责任胜于能力》，石油工业出版社，2009年3月版，第86页。

通过监督、检查,及时发现没有落实的问题,然后用监督、催促的手段,来推动落实,确保政令畅通。督查督办要坚持以下四个基本原则:

一是客观性原则。对每项工作督查,督查人员都要坚持深入工作现场,了解真实情况,全面调查分析,客观反映问题,用事实说话,不主观臆断,不以偏概全。

二是时效性原则。一些季节性、时效性较强的工作,如植树造林、防汛、防疫等,如不抓紧落实,就会错过时机,使工作落空。这类工作都超前介入,未雨绸缪,及时督促,确保落实。

三是不回避原则。需要督办的事项一般是困难多、阻力大、周期长的工作,有时甚至涉及分工领导和部门负责人,处理起来比较棘手。督查人员要以高度负责的精神,不怕得罪人,敢于督查,敢于处理,敢于批评。

四是责任追究原则。对工作落实不到位、出现失误,造成不良后果的单位或个人要一查到底,坚决追究责任。

第三,建立健全严格的奖惩追究制度。山西省政协原副主席吕日周,曾经讲过这样两件事:他在离开原平的第一天,天降大雪。他在原平担任书记时,带头组织大家扫雪,可那天,干部们知道吕日周走了,也就没人扫雪了。结果,许多人摔伤了。吕日周听说这件事情后,很受刺激。

后来,吕日周到美国水牛城参观,正好遇上漫天大雪。他去看望一位留学生,只见他早早起来扫雪。吕日周问他:"你在国内也没这么积极，怎么在这里到学起雷锋来了？"他说："因为这里的法律规定，如果遇上下雪，你的门前必须扫三次雪，否则就要罚款，包括在我门前摔倒的人也要我去花钱给他治疗。所以，我得积极扫雪。"

正因为如此，吕日周曾说了一句非常经典的话：抓住不落实的事＋追究不落实的人＝落实。

应该说，这句话是他工作经验的总结。狠抓落实，不仅要有严格的监督检查机制，还必须建立健全严格的奖惩追究制度。

严格的奖惩追究制度，是抓好落实的有效手段。因为一个团队奖励什么行为就是鼓励团队成员多发生类似的行为；同样，一个团队惩罚什么行为，就是希望在团队成员中抑制甚至杜绝类似行为的发生。建立完善奖惩追究制度，要注意以下几个方面的问题：

一是奖惩导向要正确明确。某机关表彰了两位干部。对这两位干部许多人认为是不应该获得表彰的。因为他们无论是工作态度还是工作业绩都称不了上乘。

后来，人们经过分析得出了结论：和领导走近一点，比工作干得卖力点更为重要。于是，有的人就开始想方设法靠近领导，而不去想怎样做好工作。

由此可见，该机关表彰的导向出现了问题。作为团队成员不仅需要和领导相处好关系，更重要的是要把工作做好。

要抓好落实，团队在制定奖惩政策时，其奖惩导向必须是有利于工作落实的行为，而不是错误的行为。

二是奖惩标准要细化量化。一个科学的政策奖惩机制，其奖惩标准的规定一定要尽可能地细化、量化，具有可操作性，以避免奖惩的主观性和随意性。

细化、量化的政策奖惩标准，有利于实施者操作执行。而就我们目前的一些单位的政策奖惩标准而言，许多标准是很粗糙的，缺乏科学性，这无疑会给落实执行带来一定的难度。

三是奖惩程序要科学规范。科学的政策奖惩措施，其程序上也必须是科学的。这是政策奖惩措施严肃性的体现。

四是奖惩措施要及时兑现。美国有一家名为福克斯波罗的公司。这家公司专门生产精密仪器设备等高技术产品。

在创业初期，这家公司碰到了一个迟迟不能解决的技术难题。而这道难题如果不解决，公司就会生存不下去。公司总裁为此大伤脑筋。

一天晚上，正当公司总裁坐在办公室百思不得其解之时，一位科学家闯进了他的办公室，说是找到了一个解决的办法。

科学家的阐述让总裁豁然开朗。总裁喜出望外，想立即给科学家以嘉奖。可是，他在抽屉中找了半天，只找到了一根香蕉。他把这根香蕉作为奖品奖给了科学家。科学家很感动，因为他的成果得到了领导的肯定与赞赏。

从此之后，这家公司只要员工攻克了重大技术难题，都会得到公司授予的金制香蕉型别针。

"赏不逾时,欲民速得为善之利也;罚不迁时,欲民速睹为不善之害也"。及时兑现奖惩措施,能增强奖惩政策的严肃性。如果该奖励的不及时奖励,会影响落实主体落实的积极性;而该惩罚的不及时惩罚,则会助长落实主体的消极性。不仅如此,时过境迁,对未被奖惩的人员也起不到应有的教育和引导作用。

抓落实,需要通过建立健全严格的奖惩追究制度,激励落实的人,惩处、追究不落实的人,使责、权、利三者相统一。

三、制度设计必须遵循的原则

有这样一个故事:二哥经常深更半夜不回家。二嫂教育无效,便制定了一个制度来约束他。

制度规定,如果二哥晚上 11 点前不回家,二嫂就插门。头几天,二哥按照制度要求,准时回家了。过了几天,他觉得在家无聊,便又半夜不回家了。二嫂实施了制度,把二哥关在了门外。二哥索性不回家了。

二嫂很无奈。后来有人给她出了一个主意,让她重新制定了制度。这个制度一实施,二哥每天晚上按时回家了。

原来,新的制度是:如果二哥晚上 11 点前不回家,二嫂就开门睡觉。

这个故事说明,制度不在强制,而在自觉自愿地服从。

制度要能为人自觉自愿地服从,需要设计一个科学的制度,抓落实更是如此。科学的制度能有效地保证落实，这是无疑的。但是，怎样设计出科学的制度呢？科学的制度设计需要遵循以下几个原则：

第一，合法原则。合法，是指保证落实的制度的设计必须符合国家的宪法和国家法律、法规和政策的规定，不能有任何违背现象的发生。这也是落实"依法治国，建设社会主义法治国家"治国方略的具体体现。

遵循合法性的原则来设计落实制度，要求制度的设计者必须确立法律至上的理念，以法律为最高准则。

2004年6月，北京市政协审议通过了《关于加强本市对流浪乞讨人员管理和救助工作的建议案》，其中建议划定"禁乞区"或"限乞区"。

北京市政府对政协的建议案总体上给予了肯定，但对其中的设立"禁乞区"的意见，有关负责人则表示，由于目前还没有相关的法律约束乞讨，禁乞与现行法律相违背，所以政府暂时不会考虑这么做，但在北京重点地区设立救助引导牌，以方便有需要的人员得到救助。

北京市政府的这种做法就充分体现了法律至上的意识，体现了对法律的尊重。他们遇到问题没有贸然行事，而是首先"向法律问禁忌"。这是"依法行政"的可贵实践。

第二，无赖原则。"无赖原则"是英国著名学者大卫·休谟提出来的。休谟说："政治作家们已经确立了这样一条准则，即在设计任何政府制度和确定几种宪法的制约和控制时，应把每个人都视为无赖——在他的全部行动中，除了谋求一己的私利外，别无其他目的。"[1]

在休谟看来，制度的设计，要从最坏处着眼，假设每个人都是"无赖"。因为每个人都是"无赖"，所以，只有用强硬的制度来钳制他们，才能让他们老老实实、规规矩矩地服从公共利益。

"无赖原则"是制度设计的一个重要原则。把"无赖原则"引入到制度的设计中，能使得制度的设计达到这样的效果：既能有效地钳制"无赖"行径，又能防止和遏止人们萌发的损害公共利益的"无赖"冲动。而不能对人的"觉悟"心存侥幸，对人的素质过高地估计。

第三，刚性原则。任何制度的制定，都应该突出刚性原则。这里所说的刚性原则有两层含义：一是其评价对错的标准只能有一个，而不能因人而异；二是其评价对错的标准不能留下弹性空间，过于原则。否则，容易让一些人失去制度的制约，或打"擦边球"，或把严肃的制度变为"橡皮泥"，随便地拿捏。

第四，稳定原则。任何制度都不是一成不变的，它应该随着客观情况的发展变化而不断地加以改进和创新。但是，如果变更得过于频繁，就会造成混乱。因此，制度的设计要注意相对稳定

---

[1] ［美］斯蒂芬·L·埃尔金等编：《新宪政论》，生活·读书·新知三联书店1997年版，第27—28页。

的原则要求,不能朝令夕改。

凡是经过一定时期实施后证明是正确的制度,就必须坚持保持其稳定性;凡是经过实施后证明是不可行的制度,就必须加以修订甚至摒弃。

第十三章

强化修养,培养善抓真本领

★ 第十三章　强化修养，培养善抓真本领 ★

领导干部抓落实，不仅要有"想抓"的激情，"狠抓"的决心，还要有"善抓"的本领。否则，热情再高，决心再大，也会因为"本领恐慌"而将落实抓空，完不成工作任务。因此，领导干部抓落实，需要锤炼抓落实的真本领。

抓落实的真本领，不是单一的技巧，它是领导干部智慧、知识、经验、作风的综合反映。因此，领导干部要锤炼善抓落实的真本领，需要从各个方面做努力。

一、增强学习本领，涵养抓落实的智慧

学习是领导干部的本领，而且是真正的看家本领。因为其他的所有的一切，都是源于学习。一位领导干部，喜欢不喜欢学习，能不能坚持学习，善于不善于学习，能反映出他的领导水平的高低、工作方法的优劣、能力素质的强弱。因此，党的十九大报告把"增强学习本领"列为全党要增强的"八大"本领之首。

领导干部要做好领导工作，需要各种各样的条件，但"学习是做好工作的一个条件，而且是一个必不可少的条件"。

第一，学习可以拓宽领导干部的视野，增强洞察力。视野开阔，方能看得高远。《庄子·秋水》云："井蛙不可以语于海者，

领导干部怎样抓落实

拘于虚也；夏虫不可以语于冰者，笃于时也；曲士不可以语于道者，束于教也。"

这段话的意思是说，井里的蛤蟆你无法跟它谈大海，因为它的眼界受到狭小的生活环境所局限；夏天生死的虫子你无法跟它说冰雪是什么样子，因为它的眼界受到气候时令的限制；而孤陋寡闻的人，你无法跟他谈论大道理，因为他的眼界受着所受教育条件的束缚。

那什么时候可以跟他们谈论大道理呢？《庄子·秋水》给出了答案："尔出于崖，观于大海，乃知尔丑，尔将可与语大理矣。"

这就是说，当你走出狭隘的河岸，向大海观看，知道你的浅薄无知的时候，就可以跟你谈论大道理了。庄子这里是借秋水来说明视野的重要。

人的认识是受客观环境限制的。中国近代著名红顶商人胡雪岩(1823—1885)有一段名言："如果你有一乡的眼光，你可以做一乡的生意；如果你有一县的眼光，你可以做一县的生意；如果你有天下的眼光，你可能做天下的生意。"一个在县域工作的领导干部，如果他只有一个乡的眼光，他怎么能做好县域的工作。其他亦然。

如何开阔视野，增强洞察力？1939年2月28日毛泽东同志就给出了答案。毛泽东同志在延安第十八集团军总兵站检查工作会议上说过："有了学问，好比站在山上，可以看到很远很多东西；没有学问，如在暗沟里走路，摸索不着，那会苦煞人。"

这段话说得非常明确。要视野开阔,增强洞察力,就得有学问。

学问如何来？答案是两个字：学习。

第二，学习可以放大领导干部的格局，增强预见力。格局，是一个人的眼界、胸襟、气度、胆识等心理要素的内在布局。一个有格局的领导干部眼界开阔，气度博大，胆识超群，思考问题，既有历史的深度，又有世界的宽度，更有未来的高度。

事实上有格局的领导干部，才是真正的领导人物。正如毛泽东同志在中共"七大"会议上所言："坐在指挥台上，如果什么也看不见，就不能叫领导。坐在指挥台上，只看见地平线上已经出现的大量的普遍的东西，那是平平常常的，也不能算领导。只有当还没有出现大量的明显的东西的时候，当桅杆顶刚刚露出的时候，就能看出这是要发展成为大量的普遍的东西，并能掌握住它，这才叫领导。"

曾国藩说："谋大事者首重格局。"心中没有格局或者格局太小，都难成大事。我们正在决胜全面建成小康社会，并在全面建成小康社会的基础上，到2035年基本实现现代化，再奋斗十五年，把我国建成富强民主文明和谐美丽的社会主义现代化强国。这是一个伟大的梦想。

"实现伟大梦想，必须进行伟大斗争。社会是在矛盾运动中前进的，有矛盾就会有斗争。我们党要团结带领人民有效应对重大挑战、抵御重大风险、克服重大阻力、解决重大矛盾，必须进行具有许多新的历史特点的伟大斗争，任何贪图享受、消极懈怠、回避矛盾的思想和行为都是错误的。"

"实现伟大梦想,必须建设伟大工程。这个伟大工程就是我们党正在深入推进的党的建设新的伟大工程。"

"实现伟大梦想,必须推进伟大事业。中国特色社会主义是改革开放以来党的全部理论和实践的主题,是党和人民历尽千辛万苦、付出巨大代价取得的根本成就。"

伟大斗争、伟大工程、伟大事业、伟大梦想,需要党和国家的执政骨干——领导干部放大自己的格局。

俗话说:"再大的烙饼也大不过烙它的锅。"作为党和国家执政骨干的领导干部,心中如果没有大的格局,是盛不下伟大斗争、伟大工程、伟大事业、伟大梦想的,也是抓不好落实的。有大格局才有大抱负,有大抱负才有大目标,有大目标才有大作为。如果没有海的胸怀,怎么能有海的事业?

领导干部如何放大自己心中的格局?答案还是两个字:"学习"。

第三,学习可以提升领导干部的本领,增强领导力。著名科学家牛顿说:"如果说我比别人看得更远些,那是因为我站在了巨人的肩上。""站在了巨人的肩上"就是向巨人学习。

领导干部要做好领导工作,抓好落实,需要有各种各样的本领。这些本领如何获得?答案亦然是两个字:"学习。"

"读书足以怡情,足以长才,读史使人明智,读诗使人聪慧,演算使人精密,哲理使人深刻,道德使人高尚,逻辑使人善辩。"培根的话是经验的总结。

习近平总书记在 2013 年 3 月 1 日中央党校 80 周年校庆的讲话中也说过:"学史可以看成败、鉴得失、知兴替;学诗可以情飞扬、志高昂、人灵秀;学伦理可以知廉耻、懂荣辱、辨是非。"

学习,对于担负着为中国人民谋幸福,为中华民族谋复兴使命的领导干部来说尤为重要。这也正如习近平总书记《在欧美同学会成立 100 周年庆祝大会上的讲话》中所说:"梦想从学习开始,事业从实践起步。当今世界,知识信息快速更新,学习稍有懈怠,就会落伍。有人说,每个人的世界都是一个圆,学习是半径,半径越大,拥有的世界就越广阔。"

总而言之,学习可以让领导干部以更宽广的视野、更长远的眼光来思考和把握党和国家未来发展面临的一系列重大战略问题,抓好落实。

二、加强道德修养,践行执政为民理念

我们在前面讲过,领导干部抓落实要牢牢把握住根本,即全心全意为人民服务,把以人为本、执政为民贯穿到抓落实之中,切实做到权为民所用、情为民所系、利为民所谋。简而言之,就是执政为民。

领导干部如何才能真正践行执政为民的执政理念,这需要加强道德修养。唐代著名书法家柳公权说:"心正笔则正。"鲁迅先生说:"美术家固然有精熟的技工,但尤须有进步的思想与高

尚的人格。他的制作，表面上是一张画或一个雕像，其实是他的思想与人格的表现。"

心正则行为端。领导干部只有具有高尚的思想道德品质，才能执政为民，立党为公，清正廉洁。敢于抓落实，抓好落实。古人就强调"修身、齐家、治国、平天下"。因此，领导干部要锤炼抓落实的真本领，必须加强自身的思想道德品质修养，使自己的思想道德水平进一步地提高。

第一，坚定理想信念。理想是一个人的政治信仰和世界观、价值观、人生观在奋斗目标上的具体体现。是领导干部学习、工作、生活的指南和动力，是领导干部生活、事业上的精神支柱。

作为党的领导干部必须坚定共产主义的理想信念，树立正确的世界观、人生观和价值观，严格按照党章的要求、为人民服务的宗旨和廉洁自律的各项规定，自我约束，自我管理，站在党性和党的原则立场上，站在人民的立场上，为党为人民的根本利益掌好权、用好权，也只有这样，才能自觉抵制拜金主义、享乐主义和极端个人主义思想的侵蚀，抓好落实。

陶铸在《思想·情操·精神生活》一书中说："一个没有崇高的共产主义理想的人，好像迷失了路途一样，不但不知道明天走到哪里，做什么，就是连今天做什么，为什么要这样做都弄不清楚。"陶铸的话是非常中肯的。

只有方向明确，信念坚定，道德高尚，操守廉洁，才能赋予领导干部以活的灵魂。可以肯定地讲，一个精神颓废，终日浑浑

第十三章 强化修养，培养善抓真本领

噩噩的领导干部是抓不好落实的。

第二，坚持实事求是。1941年5月，在延安干部工作会议上，毛泽东同志作了《改造我们的学习》的报告。在报告中，他对"实事求是"作了如下的阐述：

"'实事'就是客观存在着的一切事物，'是'就是客观事物的内部联系，即规律性，'求'就是我们去研究。我们要从国内外、省内外、县内外、区内外的实际情况出发，从其中引出其固有的而不是臆造的规律性，即找出周围事物的内部联系，作为我们行动的向导。"

毛泽东同志的精辟论述言简意赅地揭示了马克思主义科学观的实质，集中体现了辩证唯物主义和历史唯物主义的根本要求。正如邓小平同志所说："马克思、恩格斯创立了辩证唯物主义和历史唯物主义的思想路线，毛泽东同志用中国语言概括为'实事求是'四个大字。"[1]邓小平同志还说："毛泽东同志在延安为中央党校题了'实事求是'四个大字，毛泽东思想的精髓就是这四个字。毛泽东同志所以伟大，能把中国革命引导到胜利，归根到底，就是靠这个。"[2]

实事求是是毛泽东思想的精髓，也是领导干部认识新事物、适应新形势、抓好落实的思想武器。

---

[1]《邓小平文选》第2卷，人民出版社1994年10月第2版，第278页。
[2]《邓小平文选》第2卷，人民出版社1994年10月第2版，第126页。

第三，坚持党的宗旨。全心全意为人民服务是我党的根本宗旨，又是我们共产党人的人生最高追求。有了这一追求，领导干部才能始终以一个人民公仆的身份出现，权为民所用，利为民所谋，情为民所系。

第四，保持清正廉洁。改革开放以来，由于多方面的原因，我们党的干部队伍中腐败现象逐渐严重起来。

腐败现象严重损害了党和政府的形象，损害了人民群众的利益，影响了党同人民群众的密切联系，影响了领导干部抓落实的成效。现在群众议论最多、意见最大、反映最强烈的就是少数领导干部的腐败行为。

腐败现象，是当前影响领导干部道德品质建设的最突出的问题。因此，培养高尚的道德品质，践行执政为民理念，必须深入开展反腐败斗争，保持清正廉洁。如何保持清正廉洁？

一是要能自重自省。自重，就是重视自己的道德尊严和人格形象。自省，就是要经常反省、检查自己的言行，看自己是否犯有道德上的过错，找出自己的不足，并采取措施加以克服和纠正。孔老夫子说他是"吾日三省吾身"，实际上，我们不用做到"三省"，能在每天晚上夜深人静之时，对照着党纪国法、道德规范反省自己一次，也是不错的。

二是守住第一道防线。明朝人张瀚在他所撰写的《松窗梦雨》中，讲过这样一个故事：

张瀚初任右副都御史时，前去参见左都御史王廷相。王廷相给他讲了一则"乘轿见闻"。王廷相说：

我昨天乘轿进城，途中遇雨。有位轿夫穿着一双新鞋。开始时，他"择地而蹈"，害怕泥水弄脏了新鞋。后来，他一不小心踏进了泥坑，于是，就"不复顾惜"了。

讲完这段见闻之后，王廷相感慨地说："居身之道，亦犹是耳，倘一失足，将无所不至矣！"

张瀚说，他"退而佩服公言，终身不敢忘"。

很显然，王廷相是想用这个故事告诉张瀚，要"慎初"，否则，一失足就会滑向罪恶的深渊。正如北宋理学家、教育家程颐所说："一念之欲不能制，而祸流于滔天。"

三是勿以恶小而为之。集腋成裘，聚沙成丘。小善积多了，也能成为利天下的大善；而小恶做多了，也能成为毁天下的大恶。"尺蚓穿堤，能漂一邑；寸烟继突，改灰千室"。

那些落马的领导干部并非是一开始就"病入膏肓"的，而是一点一点地沦为阶下囚的。

因受贿罪被判处无期徒刑的河南省交通厅原厅长石发亮，在悔过书中，曾经把有所企图腐蚀拉拢领导干部的行为概括为12个"一下"，即"逢年过节看望一下，住院治病慰问一下，家人生日祝贺一下，出国考察支持一下，家有丧事凭吊一下，乔迁新居意思一下，孩子结婚（升学）表示一下，已提拔者感谢一下，想提拔者争取一下，关系好的加深一下，关系一般的亲近一下，暂无求者铺垫一下"。

这12个"一下",每个"一下"都是对领导干部的严峻考验,每个"一下"都是一个关口。领导干部要保持清正廉洁,对此不能不谨慎。

四是要抵得住诱惑。某日,我闲读《韩非子·外储说右下》。在书中,我看到了这样一则故事:

战国时,鲁国的丞相公仪休爱好吃鱼。于是,鲁国的人争相购买鱼送给他。但是,公仪休却从来不接受任何人的馈赠。

他弟弟奇怪地问:"您喜欢吃鱼,为什么人家给您送鱼您却不接受呢?"

公仪休回答说:"正因为我喜欢吃鱼,我才不接受。我如果接受了别人送的鱼,就要看人的脸色行事。看人的脸色行事,将会徇私舞弊,贪赃枉法。徇私舞弊,贪赃枉法,相位就会被罢免。相位被罢免,他们就不会再给我送鱼,我也不能再有俸禄买到鱼。如果我不接受别人送的鱼,我就不会被免职,即使我爱吃鱼,我也能用俸禄买鱼。"(原文:公孙仪相鲁而嗜鱼,一国尽争买鱼而献之,公仪子不受。其弟谏曰:"夫子嗜鱼而不受者,何也?"对曰:"夫唯嗜鱼,故不受也。夫即受鱼,必有下人之色;有下人之色,将枉于法;枉于法,则免于相。虽嗜鱼,此不必致我鱼,我又不能自给鱼。即无受鱼而不免于相,虽嗜鱼,我能长自给鱼。")

读罢这则故事,我很感叹。感叹这位古代封建官吏的清醒。他深知,如果抵不住眼前的诱惑,便会失掉未来的幸福。所以,他从来不接受任何人的馈赠。

感叹我们有些受党教育多年的领导干部为什么竟会如此之"糊涂"。他们明知别人的"馈赠"是钓饵,是有求于自己,但却"明知山有虎,偏向虎山行"。结果,被老虎吃掉,自己成了被打的"大老虎"。

当今的社会,处于一个物欲横流的时代。在这物欲横流的世界里,诱惑实在是太多。权力的诱惑、金钱的诱惑、美女的诱惑,不一而足。领导干部稍不留意,就会在这些诱惑面前落马,走进地狱之门。所以,不能不谨慎行之。

三、培养良好作风,提升抓落实的效能

某日,我的手机上收到一条短信。短信言:"人生三度,工作方面,能力不敌态度;做人方面,精明不敌气度;做事方面,速度不敌精度。"

我觉得这"人生三度"说得非常之好。联想到领导干部抓落实的问题,从某种意义上来讲,也有"能力不敌态度"的问题。

要论证"能力不敌态度"的观点,咱们有必要先来看一看2010年8月18日新华日报的一篇新闻报道。下面是报道的内容:

7月24日中午,一辆外地卡车从南通市区交通要道口经过时,意外坠落一块楼板。

当日12时47分,"12345"值班人员接到一个求助电话:在市区长江南路五山公寓路口西侧快车道上,有一整块楼板横在

马路上，存在明显事故隐患，请有关部门迅速到现场处置。

在核实准确方位的基础上，"热线"紧急"派单"到城管部门，但城管回应称"整块楼板不好处理，城建部门应该可以处理"。于是，"派单"电话打到城建热线。城建热线一位戴姓值班干部反馈：按职责此事属于城管。第三次电话通知城管后，一位姓王的先生称因没有器械将楼板抬起，还是应该由城建部门处理。6轮互推后，"皮球"被踢给了环卫部门，该部门一位姓金的班长回复，环卫只能清理路面小型抛撒物，由于该楼板体积较大属于路面障碍物，已超出他们可清理的范围。

这样的"皮球"一踢就是4天。到28日，楼板还躺在路上无人问津。无奈之下，"热线"的第8个电话打给了公安110。公安迅速回复：民警已及时设立了警示标志，并正在处理。随后把楼板从路面移到了绿化带内，但如需彻底清障，需要其他部门配合。

"处理这件事情的经过，让我们筋疲力尽。"一位"热线"工作人员说，"我们实在不知怎么向市民解释。"

记者在调查中了解到，这些部门没有一家口头上不高度"重视"的，而且，还把这种"重视"体现到"行动"上。公安部门提供的现场监控录像显示：在4天"热线"交办过程中，有关部门也曾派人实地"察看"。然而，镜头中相关单位"领导"仅仅是在事发现场东瞧瞧、西望望，指指点点，然后什么表示也没有就走了。如此这般，先后有三拨人马来过。

28日下午，该市信访局和政府服务热线的工作人员不放心，专门赶到现场看办理结果发现，被公安移到绿化带内的楼板已被搬走。经打听得知，绿化带中的楼板原来还是附近一女店主自掏腰包请人搬走的。这位不肯透露姓名的热心市民说，这部门、那单位，来了好几拨，东指指，西点点，就是不动手。我一想，算了，自己出点钱请人帮个忙，以免不知情的人脚下不注意撞上去。

8月5日，南通市信访局主持"关于一块楼板处置过程"情况通报会，令人大跌眼镜的是，相关部门不仅不检讨，反而拿出政府赋予的职责权限文件"振振有词"表白责不在己。

这篇报道的基本线索是：市政府服务热线接到电话，有一整块楼板坠落横在马路上，存在明显事故隐患。于是，热线开始处理。城管称"城建部门应该可以处理"，城建称"按职责属于城管"，环卫称"已超出他们可清理范围"，公安称"正在处理，彻底清障还需其他部门配合"。"皮球"踢了4天，最后有群众自掏腰包请人搬走楼板。事后，相关部门还拿出政府赋予的职责权限文件，称"责不在己"。

真的是"力量不足、需要配合"？真的是"责不在己"？显而易见，不是权限问题、能力问题，而是工作作风态度问题。

我曾经去南通市做过调研，还做过南通市社会发展的案例。南通人认为，南通市的政府效能建设一直是走在全国先进行列的。

一个走在全国先进行列的地方，为什么还会发生这样的事情？这件事情发生之后，南通市的一位领导同志讲，"这暴露出南通机关作风建设其实还有很多需要改进的地方。"

这句话说到了根本上。因为干部作风存在着问题,有很多需要改进的地方,所以,遇事相互推诿,不负其责。

据了解,南通市委、市政府对这一报道是高度重视。他们在第一时间连续两次召开专题会议,责成相关部门以党报监督为镜鉴,迅速采取措施切实整改。同时,要求市级机关举一反三,把"一块挡道楼板"作为改进机关作风的"一面镜子"。

由此,我们也可以看出作风建设与抓落实效能之间的关系。干部作风和抓落实的效能是辩证统一的关系。抓落实的效能是干部作风状态的综合反映,干部的作风状态决定抓落实的效能。作风是效能的前提,效能是作风的结果。作风正,效能高;作风歪,效能低。

因此,领导干部要锤炼抓落实的真本领,必须培养良好的作风,即胡锦涛同志当年在中纪委第七次全体会议上所强调的八大作风:勤奋好学、学以致用;心系群众、服务人民;真抓实干、务求实效;艰苦奋斗、勤俭节约;顾全大局、令行禁止;发扬民主、团结共事;秉公用权、廉洁从政;生活正派、情趣健康。

培养优良作风贵在知行合一。对于培养领导干部优良作风的重要性,领导干部应该都是熟知的。但知道并不一定能去培养。但如果不去培养,培养优良作风,就是一句空话。所以,问题的关键,更在于不仅要知道其重要,还要行动。还是那句话:"关键在于落实。"

培养领导干部的优良作风,加强领导干部的作风建设,是一项系统工程。但就领导干部自身来讲，培养优良作风，需要在以下几个方面多做努力：

第一，经常自我反省。领导干部要善于经常反省自己的言行。对于优良的作风，要继续发扬；对于不良的作风，要加以克服和改正。

曾国藩被称为"晚清中兴第一名臣"，毛泽东在青年时期曾经以他为偶像。毛泽东说："吾于近人，独服曾文正。"曾国藩，谥文正。

曾国藩为什么能被称为"晚清中兴第一名臣"？让毛泽东"独服"？这跟曾国藩严格要求自己，善于经常自我反省分不开。

曾国藩有写日记的习惯。他在日记中总是对自己一天的言行进行检查、反思，对自己的修养做检讨。他的检讨非常严格，甚至连做梦的事情都不放过。譬如，在道光二十二年十月初十，曾国藩在日记中写道：

"昨夜，梦人得利，甚觉艳羡，醒后痛自惩责，谓好利之心至形诸梦寐，何以卑鄙若此！方欲痛自湔洗，而本日闻言尚怦然欲动，真可谓下流矣！"

原来，那天夜晚，曾国藩做了一个梦，梦见别人得到了好处，自己非常羡慕。梦醒之后，他对自己严加痛责，说自己好利之心这么重，重到连做梦都能梦到，真是卑微鄙陋。

他还对照着别人对自己的批评来反思自己。道光二十二年十月初三，曾国藩在日记中说，他去拜访朋友陈源兖。陈源兖告诉曾国藩:"第一要戒慢字",说曾国藩"无处不著怠慢之气"。曾国藩把陈源衮的话记在日记中,并反思说:"真切中膏肓也。"

随后,他又写道,陈源衮还告诉我,对待朋友,"每相恃过深,不知量而后入,随处不留分寸,卒至小者龃龉,大者凶隙,不可不慎。又言我处事不患不精明,患太刻薄,须步步留心。"

记述完朋友对他的批评之后,曾国藩写道:"此三言者皆药石也。"

自我反省,是领导干部培养优良作风必不可少的环节之一。自我反省,贵在严格。只有严格要求自己,才能实现真正意义上的反省。

这就需要领导干部具有高度自觉的自我批评精神,以对党对人民对自己高度负责的精神,经常不断地进行深刻的自我反省,通过自我反省找出自身的不足。

彭德怀同志之所以能坚持真理,勇于批评和自我批评,保持和发扬我党的优良作风,是跟他具有可贵的自我反省精神分不开的。

他常说,我是每月一省吾身。不论怎样忙,每月总要抽出半天时间,把自己做过的事情认真地检讨一番,看哪些做对了,哪些做错了,以便少犯错误或不犯错误。

彭德怀同志这种可贵的自省精神,贯穿在他整个的生命旅程中。就是在他晚年,并遭受到不公正的待遇的情况下,他还反省自己在西北战场的经验教训。认为自己在西北战场指挥上有过两次错误。

领导干部经常反省自己，才不会让污垢积厚成疾，才不会让心灵蒙上厚厚的尘埃。毛泽东同志讲："房子是应该经常打扫的，不打扫就会积满了灰尘；脸是应该经常洗的，不洗也就会灰尘满面。我们同志的思想，我们党的工作，也会沾染灰尘的，也应该打扫和洗涤。"

第二，乐于见贤思齐。所谓"见贤思齐"，就是见到有道德、有才能的人，就要向他学习，向他看齐。

领导干部培养优良作风，也需要见贤思齐。长期坚持这种方法，对培养自己的优良作风大有益处。

老一辈无产阶级革命家以及焦裕禄、孔繁森、郑培民、沈浩、杨善洲等新时期的优秀领导干部，为领导干部树立了学习的榜样。领导干部要学习他们的优良作风，向他们看齐。比如，任弼时不搞特殊化的生活作风就值得领导干部向他看齐。

任弼时同志一向坚决反对特殊化。他时时处处严格要求自己，始终保持了共产党人的本色。

他到北京之后，住在景山东街。这里的房子比较小，又紧挨着马路。他的办公室离马路仅有两米远的距离。那里终日车来人往，嘈嘈杂杂，屋内少有安静的时候。

组织上为了照顾他的工作和生活，决定给他调换住处。当任弼时同志了解到，为了他搬家，要把一个机关单位迁走时，他就坚决不让换房。

他说，为了我一人而牵动一个机关，这是万万不可的。组织上见他坚决不同意换房,就准备将他的住房修缮一下。但他依然不同意:"现在国家还很困难,需要用钱的地方很多,还是把钱用在建设上去吧!能将就住就行了,不要再给组织和同志们添麻烦了。"就这样,他一直住在景山东街。

任弼时同志在世时,国家实行的是供给制。因此,他经常检查菜金是否超标,检查生活用品是否超过规定。

他一再叮嘱身边的工作人员,任何事情都不能违反制度,一丝一毫也不能特殊。

第三,严于慎独自律。一般说来,在众人的眼皮子底下,在组织和媒体的监督之下,每个人都较能注意自己的言行,注意自身的修养。但在"无人监督之处",却容易放松对自己的要求,甚至做一些为人所不齿之事。这是作风建设的大忌。

"慎独"自律要求领导干部具有高度的自觉性和责任感。无论是在公众面前,还是单独处事,都要严于律己,抛弃侥幸心理,始终做到表里如一,言行如一。

"慎独"自律要求领导干部从"小节"处下功夫。"积小节而成伟大"。

第四,坚持修养不懈。领导干部培养优良作风,加强作风建设,不是一时一事,而是一生一世。只有坚持修养不懈,才能保持和发扬党的领导干部应有的优良作风。周恩来同志的优良作风为什么有口皆碑?这跟他一生一世坚持不懈修养密切相关。

1943年3月18日(农历二月十三日),是周恩来同志的45

岁生日。同志们特地做了几道简单的菜，准备晚上为他祝寿。周恩来同志知道之后，坚持不出席，只让厨房煮了碗面作为纪念。

就在这一天的晚上，他在自己的办公室，以更严格的党性标准剖析自己、反省自己、要求自己。结合整风实际，他写下了著名的《我的修养要则》：

一、加紧学习，抓住中心，宁精勿杂，宁专勿多。

二、努力工作，要有计划，有重点，有条理。

三、习作合一，要注意时间、空间和条件，使之配合适当，要注意检讨和整理，要有发现和创造。

四、要与自己的他人的一切不正确的思想意识作原则上坚决的斗争。

五、适当的发扬自己的长处，具体的纠正自己的短处。

六、永远不与群众隔离，向群众学习，并帮助他们。过集体生活，注意调研，遵守纪律。

七、健全自己身体，保持合理的规律生活，这是自我修养的物质基础。[1]

这些要则，是周恩来同志一生自我修养的准则。

---

[1]《周恩来选集》上卷第125页，人民出版社，1980年12月版。

主要参考书目

1. 西武：《做事做到位》，中国民航出版社，2004年10月版。
2. 王健：《超越性思维》，复旦大学出版社，2003年9月版。
3. 刘玉瑛：《关键在于落实（修订本）》，新华出版社，2017年4月版。
4. 刘玉瑛：《落实要讲方法》，新华出版社，2007年1月版。
5. 刘玉瑛：《做事要讲规则》，新华出版社，2007年12月版。
6. 牛晶晶：《执行——高效能地完成任务》，朝华出版社，2005年1月版。
7. 周殿富：《领袖政治学》，吉林人民出版社，2007年11月版。
8. 陈国明：《责任关键在落实》，石油工业出版社，2009年3月版。